ELISABETH KÜBLER-ROSS

Verstehen was Sterbende sagen wollen

Einführung
in ihre symbolische Sprache

Gütersloher Verlagshaus
Gerd Mohn

Gekürzte Taschenbuchausgabe.
Die ungekürzte deutsche Originalausgabe
ist lieferbar im Kreuz-Verlag, Stuttgart

Die Originalausgabe ist 1981 erschienen im Verlag
Macmillan Publishing Co., Inc., New York
unter dem Titel »Living with Death and Dying«
Copyright © 1981 by Elisabeth Kübler-Ross and Ross Medical Associates

Aus dem Amerikanischen übersetzt von Susanne Schaup

CIP-Kurztitelaufnahme der Deutschen Bibliothek

Kübler-Ross, Elisabeth:
Verstehen was Sterbende sagen wollen: Einf. in ihre symbol. Sprache /
Elisabeth Kübler-Ross. [Aus d. Amerikan. übers. von Susanne Schaup]. –
Gütersloh: Gütersloher Verlagshaus Mohn, 1985.
(Gütersloher Taschenbücher Siebenstern; 952)
Einheitssacht.: Living with death and dying ‹dt.›
ISBN 3-579-00952-4

NE: GT

1. Auflage des Taschenbuches (1.–30. Tsd.) 1985
Lizenzausgabe mit freundlicher Genehmigung
des Kreuz Verlages, Stuttgart
© der deutschsprachigen Ausgabe: Kreuz Verlag, Stuttgart 1982
Umschlagentwurf: Dieter Rehder, Aachen,
unter Verwendung eines Fotos von Wilma Polzin, Mainz
Gesamtherstellung: Mohndruck Graphische Betriebe GmbH, Gütersloh
Printed in Germany

Inhalt

*Die Abbildungen zu Kapitel II befinden sich
zwischen Seite 80 und 81.*

Vorwort

Dieses Buch wurde auf dringendes Bitten von Patienten, von Eltern sterbender Kinder und von Lesern meiner früheren Bücher geschrieben. Diese Menschen sind zwar mit meiner Arbeit und meinen Veröffentlichungen vertraut, ersuchten mich aber um noch mehr Hilfe zum Verständnis der verschiedenen »Sprachen«, die todkranke Erwachsene und Kinder gebrauchen, wenn sie ihr inneres Wissen und ihre Wünsche mitteilen wollen.

Deshalb stellen wir hier unsere Erfahrungen und Erkenntnisse in geraffter Form dar, ergänzt durch Beiträge von Menschen, die den Umgang mit Sterbenden persönlich erlebt haben. Mögen dadurch diejenigen Trost und Mut schöpfen, die immer noch Angst haben vor einem Geschehen, das im Grunde so natürlich ist wie die Geburt.

Geburt wie Tod bedeutet Veränderung, Neuorientierung, oft Schmerz und Pein, aber auch Freude, engere Bindung und einen neuen Anfang. Wenn wir doch in unserem Inneren wissen, daß unser irdisches Dasein nur eine relativ kurze Zeit umfaßt, warum sollten wir dann nach Vollendung, nach Liebe und Frieden streben, es sei denn, weil wir den Wunsch haben, die Welt um ein weniges besser, ein weniges menschlicher gemacht zu haben, wenn wir sie verlassen, als wir sie bei unserem Eintritt ins Leben vorfanden?

Wir werden in unserer Gesellschaft nur dann einen Fortschritt erzielen, wenn wir aufhören, ihre Mängel zu verfluchen und zu beklagen, und den Mut aufbringen, ihnen abzuhelfen. Es tut weh, unsere Ängste, Schuld- und Schamgefühle und unsere geringe Selbstachtung einzugestehen. Die Tapferen geben sie zu, die Starken bekämpfen die eigene Negativität, und die Vertrauensvollen und Gläubigen erkennen das Licht am Ende des Tunnels.

Ich widme dieses Buch den Tapferen, die den Mut haben, das Negative in ihrem eigenen Inneren und dadurch in unserer Gesellschaft zu bekämpfen.

Elisabeth Kübler-Ross

KAPITEL I:

Verstehen, was Sterbende sagen wollen

Das Material für dieses Buch stammt aus unserer zehnjährigen Arbeit mit todkranken Erwachsenen und Kindern, die wir in Krankenhäusern, Pflegeheimen und vor allem zu Hause bei ihren Familien betreuten.

Wir sind von der institutionellen Betreuung von Sterbenden abgekommen und gehen jetzt den neuen und gesünderen Weg, sie in ihrer häuslichen Umgebung zu pflegen. Zu Hause sind sie im Kreise ihrer Familie und können nach ihren Bedürfnissen und Wünschen versorgt werden, was auch in den besten Kliniken so gut wie unmöglich ist.

Viele Leser werden meine Seminare über Tod und Sterben und die auch in vielen Ländern der Welt stattfindenden fünftägigen Workshops über »Leben, Tod und Übergang« für Krankenhauspersonal und Laien kennen. Diese Seminare haben Ärzten, Geistlichen, Psychologen, Krankenschwestern und freiwilligen Helfern das Rüstzeug gegeben, um ihnen den Umgang mit Schwerkranken und Todkranken zu erleichtern. Die Anfänge unserer Arbeit und die Lehren, die wir von den sterbenden Patienten empfangen haben, wurden in *Interviews mit Sterbenden* und *Was können wir noch tun?* veröffentlicht. Für diejenigen, die diesen Stoff nicht kennen, finden sich in den ersten Kapiteln Wiederholungen, damit der Rest des Buches ihnen verständlicher wird.

Wir müssen uns darüber im klaren sein, daß dieses Material nichts Neues sagt. Dennoch gibt es immer noch Millionen von Menschen, die an der Illusion festhalten, es sei »besser« für den Patienten, wenn man ihm vormacht, daß »alles in Ordnung« ist, das heißt also, wenn wir beim Besuch eines Todkranken nur lächeln, uns fröhlich und oberflächlich mit ihm unterhalten oder Schweigen bewahren. Es fällt uns nicht schwer, ihnen die beste ärztliche Pflege und Betreuung zu verschaffen, aber nur zu oft vernachlässigen wir ihre viel schmerzhafteren emotionalen und seelischen Beschwerden.

Unsere Arbeit schloß eine umfassende Betreuung aller möglichen Bedürfnisse von Sterbenden ein. Wir haben ihnen erlaubt, die Zeit und den Ort ihrer Pflege und die Dosis schmerzstillender Mittel selbst zu bestimmen, damit sie bei wachem Bewußtsein, doch ohne Schmerzen sein konnten. Wir haben ihren Wunsch respektiert, das Krankenhaus zu verlassen, wenn keine aktive Behandlung mehr möglich war. Wir waren ihnen mit Maßnahmen für ihren Transport nach Hause behilflich. Wir haben die Familien stets auf diese Veränderung in ihrem täglichen Leben vorbereitet und uns selbstverständlich um die Kinder gekümmert, die unter dem Anblick, manchmal auch dem Geruch und der Erfahrung, im selben Haushalt mit einem sterbenden Elternteil, Geschwister oder anderen Verwandten leben zu müssen, gelitten haben. Wir stellten fest, daß es für die meisten Menschen, ob jung oder alt, eine tiefe und positive Erfahrung bedeutete, wenn wir Hilfe und Beistand geben und durch einen gelegentlichen Hausbesuch meinerseits die Ängste der Familie mildern konnten.

Drei Beispiele

L. war ein dreizehnjähriges Mädchen, das den großen Wunschtraum hegte, einmal Lehrerin zu werden. Sie wurde während des Sommers in die Klinik eingewiesen, und die Diagnose ergab ein Unterleibsgeschwür. Nach der Operation wurde den Eltern versichert, daß die bösartige Geschwulst ganz entfernt worden sei, und so meinten sie, daß das Leben ihrer Tochter nicht mehr in Gefahr schwebte. Bevor die Schule wieder begann, traten neue Symptome auf, und im September verfielen die Kräfte des Kindes zusehends. Es stellte sich heraus, daß ihr Körper voll Metastasen war und daß sie nicht mehr zur Schule zurückkehren konnte. Trotz der Bitten der Eltern weigerte sich der Arzt, ihr zur Erleichterung ihrer

Schmerzen ein bestimmtes Präparat, die »Brompton-Mischung«, zu verabreichen, und die Suche nach einem anderen Arzt, der bereit wäre, ihr dieses äußerst wirksame, orale Schmerzmittel zu geben, verlief erfolglos. Sie konnte nicht mehr nach Chicago gebracht werden, wo man sie früher behandelt hatte. Zu diesem Zeitpunkt wurde ich konsultiert und begann, die kleine Patientin und ihre Familie zu Hause zu besuchen.

Die Mutter, eine verständnisvolle, tief religiöse und tapfere Frau, verbrachte viel Zeit mit ihrer Tochter und besprach offen alle Themen, die das Kind anschnitt. L. lag in einem bequemen Bett im Wohnzimmer, so daß sie passiv am Familienleben teilnehmen konnte. Ihr Vater, ein stiller Mann, sprach nicht viel über ihre Krankheit oder ihren bevorstehenden Tod, aber er zeigte seine Liebe und Zuneigung durch besondere Aufmerksamkeiten und kam oft mit einem Rosenstrauß für seine älteste Tochter von seiner Arbeit nach Hause.

Ich ließ die Geschwister im Alter von sechs bis zehn Jahren einmal nach der Schule im Wohnzimmer zusammenrufen. Ich setzte mich zu ihnen und sprach mit den Kindern ohne die Anwesenheit von Erwachsenen. Wir bedienten uns spontaner Zeichnungen, einer Technik von Susan Bach, und die Kinder waren mit Freude dabei und erläuterten ihre Bilder. Ihre Zeichnungen zeigten eindeutig, daß sie um die schwere Krankheit ihrer Schwester wußten, und wir sprachen unverblümt über ihren bevorstehenden Tod. Der sechsjährige Bruder hatte den Mut, sein Problem aufs Tapet zu bringen, nämlich daß er nicht mehr fernsehen und Türen zuschlagen und keine Freunde mehr nach der Schule heimbringen durfte. Er fühlte sich von den Erwachsenen eingeschüchtert, die im Haus nur noch auf Zehenspitzen gingen, und fragte offenherzig, wie lange dieser Zustand noch dauern solle. Die Kinder sprachen miteinander über die Dinge, die sie ihrer Schwester mitteilen wollten

– alles, was sie ihr vor ihrem Tod noch sagen wollten –, und natürlich ermutigten wir sie, es ohne Verzögerung zu tun.

Nach mehreren schwierigen Tagen – von jedem erwarteten wir, daß er der letzte wäre – wollte L.s Lebensflamme immer noch nicht verlöschen. Ihr Unterleib war bereits abnorm angeschwollen, und ihre Arme und Beine erinnerten mich an die Gliedmaßen von Menschen in Konzentrationslagern. L. konnte einfach nicht sterben. Wir brachten ihr Tonbänder mit ihrer Lieblingsmusik. Ihre Mutter saß viele Stunden an ihrem Bett und war bereit, auf alle Fragen einzugehen, die ihre Tochter ihr stellen wollte. Aber es schien unmöglich, herauszubekommen, was dieses kleine Mädchen am Leben festhielt.

Während eines meiner Hausbesuche fragte ich sie – mit der Genehmigung ihrer Mutter und in deren Gegenwart – geradeheraus: »L., hindert dich etwas daran, loszulassen? Du kannst nicht sterben, und ich weiß nicht, was es ist. Kannst du es mir sagen?« Mit großer Erleichterung bestätigte L. meine Frage und sagte: »Ja, ich kann nicht sterben, weil ich nicht in den Himmel komme.« Ich war von diesem Ausspruch entsetzt und fragte sie, wer in aller Welt ihr dies gesagt habe. Dann erzählte sie mir, daß der Priester und die Schwestern, die sie besuchten, ihr oft gesagt hatten, daß niemand in den Himmel kommt, der Gott nicht mehr liebt als alles auf der Welt. Mit der letzten Kraft ihres Körpers beugte sie sich vor, umarmte mich mit ihren abgezehrten Armen und flüsterte schuldbewußt: »Siehst du, ich liebe meine Mami und meinen Papi mehr als alles auf der Welt.«

Meine erste Reaktion war Zorn. Warum erwecken die Menschen, die »Gott repräsentieren«, Angst und Schuldgefühle, anstatt ihn als einen Gott der Liebe und Barmherzigkeit darzustellen? Andererseits wußte ich aus früheren Erfahrungen, daß niemand einem anderen dadurch helfen kann, daß er die Auffassung eines anderen Menschen herabsetzt. In solchen Augenblicken können nur Gleichnisse oder eine Symbolsprache die richtige Antwort geben. Darauf führten wir das folgende Gespräch:

»L., ich möchte nicht darüber streiten, wer den lieben Gott auf die rechte Weise versteht. Reden wir lieber von Dingen, die wir beide kennen. Nehmen wir zum Beispiel deine Schule, und jetzt beantworte mir eine einzige Frage. Manchmal stellt eure Lehrerin einigen Schülern in der Klasse eine besonders schwierige Aufgabe. Gibt sie diese Aufgabe den schlechtesten Schülern oder irgend jemandem oder nur sehr wenigen, die sie besonders auswählt?« L.s Gesicht leuchtete auf, und sie sagte voll Stolz: »O nein, die gibt sie nur ganz wenigen von uns.« Ich antwortete: »Da auch der liebe Gott ein Lehrer ist, glaubst du, daß er dir eine leichte Aufgabe gestellt hat, die er jedem Kind geben kann, oder hat er dir eine besonders schwere gegeben?« In diesem Augenblick fand eine sehr bewegende nichtverbale Kommunikation statt. Sie setzte sich einen Moment auf und betrachtete mit einem langen, festen Blick ihren eigenen abgezehrten Leib, ihren aufgetriebenen Bauch, ihre dürren Arme und Beine, und mit einer ungeheuren Freude sah sie mich an und rief: »Ich glaube nicht, daß er irgendeinem Kind eine schwierigere Aufgabe hätte geben können.« Ich brauchte sie nicht mehr zu fragen: »Was meinst du also, daß er von dir hält?«

Ich machte nur noch einen Hausbesuch. L. war im Frieden. Sie döste hin und wieder ein und hörte einige ihrer Lieblingslieder, darunter das eine, das ich ihr von den Mönchen des Weston-Klosters mitgebracht hatte, »Wherever you go« (»Wohin du auch gehst«), das meine Patienten besonders gerne mögen. Als sie starb, war die Familie vorbereitet. Die Kinder gingen allein mit mir in das Bestattungsinstitut vor den offiziellen Besuchsstunden, und sie waren sehr dankbar, daß sie ihren Körper berühren, Fragen stellen und für ihre geliebte Schwester ein letztes Gebet sprechen durften.

Der Tod kam früh in ihr Leben, aber sie trugen ihn gemeinsam, und es war bewegend, zu sehen, wie die ganze Familie sich näherkam und nicht nur den Schmerz und die Todesqual, sondern auch die Freude, die Musik, die Zeichnungen und das Erlebnis des inneren Reifens miteinander teilte. Der Tod trat zu Hause ein, wo jeder an dieser Erfahrung teilnahm und niemand sich abseits fühlte, wie es sonst geschieht, wenn ein Kind von zu Hause fortgebracht wird und oft allein in einem Krankenhaus stirbt, wo kleine Geschwister das Sterben nicht miterleben dürfen und oft mit Schuldgefühlen, mit Kummer und vielen unbeantworteten Fragen zurückbleiben.

Dieser Fall ist bezeichnend für verschiedene Probleme, mit denen wir uns auseinandersetzen müssen, wenn wir den Mut und die Überzeugung zu unkonventionellem Handeln aufbringen und dabei die Tatsache akzeptieren müssen: Es gibt viele Menschen in pflegerischen Berufen, die sich gegen die Veränderungen durch den neuen Umgang mit sterbenden Patienten sträuben.

Es ist nicht mehr nötig, unsägliche Schmerzen zu leiden, da es heute Präparate wie die Brompton-Mischung gibt. Es ist nicht mehr nötig, daß eine Mutter ihrem bereits auf Haut und Knochen abgemagerten Kind rund um die Uhr schmerzstillende Mittel spritzt, was dem Kind nur noch weitere Schmerzen verursacht.

Abgesehen von der Frage der Schmerzbekämpfung müssen wir als nächstwichtiges Problem die Tatsache zur Kenntnis nehmen, daß jeder von uns von dem heilsamen Ergebnis unserer Arbeit überzeugt ist. Sonst könnten wir wohl nicht neunzig Prozent der Zeit unseres wachen Bewußtseins diesem Gebiet widmen. Unser Glaube, unsere Zuversicht und unsere Überzeugung und nicht zuletzt das positive Echo von Hunderten von Familien bestätigen uns darin. Es wäre ein leichtes, zu sagen: »Unser Weg ist *die* richtige Art, Sterbende zu betreuen.« Aber trotz der Tatsache, daß wir fest an den Wert unserer Behandlung glauben, müssen wir bedenken, daß wir keinem Menschen helfen können, wenn wir andere verunglimpfen. So entsetzt ich manchmal von den Berichten und Erfahrungen meiner Patienten und ihrer Familien bin, so haben wir es uns zur goldenen Regel gemacht, ein negatives Urteil über andere nach Möglichkeit zu vermeiden, auch wenn wir mit deren Rat nicht einverstanden sind.

Der Fall von L. zeigt vielleicht am deutlichsten, wie der Gebrauch einer symbolischen Sprache, in Form einer Parabel, dem Patienten eine Antwort zu geben vermag. Er demonstriert außerdem, wie man sich aus einem Machtkampf und einer Rivalität heraushält, die nur noch mehr Feindseligkeit und Negativität erzeugt.

Das heißt nicht, daß wir nicht jede Gelegenheit ergreifen sollten, einem solchen Menschen später unsere positiven Erfahrungen privat mitzuteilen. Langsam, aber sicher werden immer mehr Menschen einsehen, wie heilsam dieser Weg ist, und allmählich damit vertraut werden.

In der Zwischenzeit müssen wir jede Anstrengung unternehmen, um nicht nur Erwachsene, sondern auch Kinder in frühem Alter zu lehren, daß wir unsere Gefühle offen und ohne Scham ausdrücken dürfen, daß Menschen in der Nähe sind, die ihre Ansichten zum Ausdruck bringen und sie verstehen, ohne sie zu beurteilen, zu etikettieren und zu disqualifizieren.

Wenn Ängste wie die von L. früh im Leben ausgeschaltet und behandelt werden können, bevor eine tödliche Krankheit eintritt, haben wir den Weg zu einer Präventivpsychiatrie gefunden. Eine Gruppe von sechs Kindern im Alter von sechs bis dreizehn Jahren setzte sich im Rahmen eines Psychodramas, unter der Anleitung von einigen wenigen, sehr gut geschulten Erwachsenen, die in unseren Workshops über Leben, Tod und Übergang mit mir zusammengearbeitet haben, mit ihren tiefsten Ängsten und Problemen auseinander. Es war eine der bewegendsten Erfahrungen, die ein Mensch, der seit Jahrzehnten auf dem Gebiet der Psychiatrie und Psychologie arbeitet, machen kann. Es ist herzbewegend, zu sehen, wie Kinder in einer Umgebung der Sicherheit, des Akzeptierens und der Urteilsenthaltung sich öffnen und ihre größten Sorgen zur Sprache bringen können. Es ist rührend, mit anzusehen, wie ein Neunjähriger endlich den Mut aufbringt, seine Mutter zu fragen: »Warum hast du mich dann adoptiert, wenn du so voll Haß bist?« Als Resultat dieser Offenheit gewannen auch die anderen Teilnehmer die Freiheit, von ihrer Furcht zu sprechen, daß sie nicht geliebt wurden oder daß »meine Eltern vielleicht nicht meine wirklichen Eltern sind«.

Unsere Zentren für Wachstum und Heilen, die im ganzen Land jetzt gegründet werden, sollen uns ermöglichen, Kinder aller Altersstufen zu erreichen und ihnen zu helfen, diese Ängste frühzeitig loszuwerden.

B. ist ein weiterer Fall, der mit einem großen Schuldkomplex und mit Tragik hätte enden können, wenn nicht eine Freundin eingegriffen und der jungen Familie geholfen hätte, die Patientin nach Hause zu nehmen und die ungelösten Knoten buchstäblich am letzten Tag ihres Lebens zu lösen.

Ich zitiere diese Beispiele, um zu zeigen, daß Kinder und Erwachsene Hilfe brauchen, damit sie ihre negativen Gefühle und Ängste aussprechen können und zu einer Katharsis und Offenheit finden, die während der beschränkten Besuchsstunden eines Krankenhauses, in dem man nicht unter sich sein kann und wo kleine Kinder unglücklicherweise nicht zugelassen sind, kaum zu erreichen ist.

B. war eine junge Mutter von zwei Kindern im Alter von einem und drei Jahren. Sie hatte zum zweiten Mal geheiratet, als ihre kleine Tochter zwei Jahre alt war, und erwartete ein Kind, als ihre Gesundheit sich verschlechterte. Kurz nach der Geburt ihres kleinen Jungen stellte sich heraus, daß sie Krebs hatte, und die ihr verbleibende Zeit verbrachte sie zum großen Teil im Krankenhaus. Ihr junger Ehemann war diesen neuen Verantwortungen zunächst nicht gewachsen: der Versorgung von zwei Kleinkindern, den Krankenhausrechnungen, einem leeren Haus, dem Umgang mit Nachbarn und Freunden, auf die er plötzlich angewiesen war, und am meisten lehnte er sich dagegen auf, daß er keine Frau und kein »normales Leben« hatte. Er besaß niemanden, dem er sich hätte anvertrauen können, und so schluckte er alles hinunter, bis er einige Tage vor dem Tod seiner Frau die Nerven verlor und seinen Schmerz und seine Wut auf die Welt, auf Gott und insbesondere auf seine Frau herausschrie. B., die zu schwach war, um auf diesen Ausbruch zu reagieren, und kaum etwas tun konnte, um der familiären Situation abzuhelfen, geriet in Panik. Sie hatte das Gefühl, in einem Krankenhaus eingesperrt zu sein, wo man bereits aufgehört hatte, sie zu behandeln, wo die Rechnungen sich häuften und wo sie ihre Kinder nicht sehen konnte. Sie wußte, daß ihr Mann gedroht hatte, die Kleinen zur Adoption freizugeben, und das wollte sie in ihrer Verzweiflung verhindern. Zu diesem Zeitpunkt besuchte sie eine Freundin, die die Situation richtig erfaßte und zum Glück sofort handelte. Nach einer Besprechung mit dem Arzt erhielt sie die Erlaubnis, B. nach Hause zu bringen. Freunde steuerten das Nötige bei, von einem Krankenbett bis zu einem Nachtstuhl und einem Gummiring. B.s Wohnzimmer wurde in ein Krankenzimmer umgewandelt. Ihr Bett stand am Fenster, von wo sie auf die Straße und in den Garten hinaussehen konnte. Sie konnte die offene Küche überblicken und sah ihre spielenden Kinder. Ihr Mann war dankbar, daß er nach der Arbeit nicht mehr in ein leeres Haus zurückkehren mußte. Ein kurzer Hausbesuch zeigte mir einen sehr einsamen Mann, der nie die Gelegenheit gehabt hatte, seine Ängste und Gefühle der Einsamkeit und Unzulänglichkeit einem Menschen anzuvertrauen. Er ging bereitwillig auf meine Vorschläge ein und erlaubte mir, mich mit den Kleinen an den Küchentisch zu setzen und ihnen den Tod in einer Sprache zu erklären, die ein dreijähriges Kind verstehen konnte. Wir zeichneten Kokons und Schmetterlinge, und ich sagte ihnen, daß ihre Mami bald sterben würde, aber das sei so, wie wenn ein Schmetterling aus einem Kokon schlüpft.

Wir gingen zu ihren Eltern und saßen im Kreis um das Bett der Mutter. Dem kleinen Mädchen gelang es, das Eis zu brechen. Sie saß auf meinem Schoß vor ihrer Mutter und stellte drei Fragen, von denen jede deutlich machte, wie viel dieses Kind wirklich verstanden hatte, und zugleich den Erwachsenen die Möglichkeit gab, offen über ihren unbewältigten Schmerz zu sprechen.

»Frau Dr. Ross, glauben Sie, daß ich heute abend, wenn ich schlafen gehe, den lieben Gott bitten darf, daß er meine Mami jetzt zu sich nimmt?«

»Ja, du kannst ihn um alles bitten, was du willst.«

»Glaubst du, daß ich ihn dann bitten darf, sie mir wiederzuschicken?«

»Ja, darum kannst du ihn auch bitten, aber du mußt verstehen, daß es dort, wohin Mami geht, eine ganz andere Zeit gibt als hier und daß es vielleicht sehr lange dauert, bevor du sie wiedersiehst.«

»Gut, wenn ich nur weiß, daß ich sie wiedersehe und daß es ihr gutgeht.«

»Das kann ich dir versprechen.«

Sie sah ihren Vater und ihre Mutter lange an und sagte: »Wenn meine Mami jetzt stirbt, glaubst du, daß sie mich zu einer Pflegemutter schicken?« Während das Kind fragend seinen Vater ansah, blickte auch die sterbende junge Mutter ihn an. Mit einem Seufzer der Erleichterung ergriff er die Hand seiner Frau und versprach ihr, die Kinder nie voneinander zu trennen. Das kleine Mädchen glaubte diesem Versprechen nicht so recht, aber da sah die Mutter ihren Mann liebevoll an und versicherte ihm, daß es sie freuen und daß sie es verstehen würde, wenn er wieder heiratete und glücklich würde (in der Zeit ihrer kurzen Ehe hatten sie nur wenig Glück miteinander geteilt) und den beiden Kindern eine neue Mutter gäbe. Dann fragte das kleine Mädchen: »Wenn alle meine neuen Mamis sterben, wer wird dann für mich kochen?« Ich versicherte ihr, daß dieser Fall zwar höchstwahrscheinlich nicht eintreten würde, daß ich aber eine große Küche zu Hause hätte und gerne kochte. Wenn das je geschehen sollte, könnte sie immer zu mir kommen.

Kurz nach diesem offenen und sehr liebevollen Gespräch schliefen die Kinder ein, und wir brachten sie zu Bett. Ihre Großeltern und der Ehemann waren jetzt allein mit B. Die Kerzen brannten noch, und ein Lied von John Denver erklang leise aus dem Kassettenrecorder, als B. den Übergang vollzog, den wir Tod nennen.

Es bedurfte nur eines einzigen Hausbesuches, einer Freundin, die den Mut hatte, die Übersiedlung dieser jungen Mutter nach Hause in die Wege zu leiten, und, wie es so oft vorkommt, der Offenheit eines kleinen Mädchens, das Fragen stellte und Antworten bekam, die ihren Fragen nicht auswichen.

Für den Arzt, der seinen meist hektischen Stundenplan für einen Abend unterbrechen und seine Patientin in ihrer häuslichen Umgebung kennenlernen kann, ist dies eine unvergeßliche Erfahrung und bereichert das Leben auf eine viel bedeutendere Art und Weise als irgendein anderer Dienst am Menschen.

Kinder von sterbenden jungen Müttern oder Vätern sind eine vernachlässigte Gruppe, weil die schwere Krankheit des einen Ehepartners eine riesige Belastung des anderen bedeutet und ihm oder ihr wenig Zeit läßt, sich um die Kinder zu kümmern. Es ist einer jungen, verantwortungsbewußten Lehrerin zu verdanken, daß ich auch in dem folgenden Fall gerufen wurde, der für uns alle und für eine Klasse von Volksschülern zu einem unvergeßlichen Erlebnis des inneren Reifens durch die Auseinandersetzung mit dem Tod und dem Sterben wurde – in meinen Augen ein glänzendes Beispiel von Präventivpsychiatrie.

D. war in der dritten Klasse der Volksschule und wies bis Anfang Dezember gute Leistungen auf, als ihre Lehrerin bemerkte, daß sich bei ihr und ihrer Schwester, die noch im Kindergarten war, Anzeichen bemerkbar machten, daß zu Hause etwas nicht stimmte. Sie sahen beide traurig aus, spielten nicht mehr mit den anderen Kindern auf dem Spielplatz, trödelten nach der Schule herum und wollten nicht nach Hause gehen. Ein Telefonanruf der aufmerksamen Lehrerin brachte zutage, daß die Mutter im Sterben lag und daß die Kinder ihren Vater schon eine Zeitlang nicht mehr gesehen hatten und daß niemand den beiden Kindern gesagt hatte, daß ihre Mutter schwer krank war. Ihr Vater ging zeitig in der Frühe zur Arbeit, besuchte dann seine sterbende Frau und kehrte erst spätabends nach Hause zurück, wenn die Kinder bereits schliefen. Eine Tante, die selbst unfähig war, die Familienkrise mit ihnen zu besprechen, kümmerte sich um ihre körperlichen Bedürfnisse. Die Lehrerin sagte der Tante, wie besorgt sie war, und wurde von ihr gebeten, die Kleinen auf den bevorstehenden Tod der Mutter vorzubereiten. Da rief Fräulein K. mich an und bat mich um Anleitung und Hilfe bei dieser schwierigen Aufgabe. Ich lud die Lehrerin ein, einmal nach der Schule zu mir zu kommen und mir zuzusehen, wie ich die Kinder vorbereitete. Dadurch würde sie Gelegenheit haben, diese Methode zu lernen und sie in Zukunft selbst anzuwenden.

Es war Mitte Dezember. In meinem Kamin brannte ein Feuer, auf dem Tisch standen Coca-Cola und Gebäck, und bald darauf setzten wir uns zu viert in der gemütlichen Küche zusammen, zeichneten spontane Bilder, knabberten Plätzchen und unterhielten uns. Das ältere Mädchen zeichnete eine große Strichfigur auf die Mitte ihres Blattes, mit überproportionalen roten Beinen, die ein paarmal so groß waren wie die übrige Figur. Daneben malte sie eine geometrische Gestalt, die sie zornig durchstrich, bevor sie fertig war. Das folgende Gespräch fand statt, nachdem sie die Zeichnung vollendet hatte.

»D., wer ist das?«

»Meine Mami.«

»Jemand, der so große, rote, dicke Beine hat, kann sicher schwer laufen.«

»Meine Mami wird nie mehr mit uns im Park spazierengehen.«

»Ihre Beine sind sehr krank.«

Da mischte sich die Lehrerin ein und korrigierte: »Nein, Dr. R., ihre Mutter hat Krebs im ganzen Körper. Die Beine sind der einzige Körperteil, der nicht angegriffen ist.«

»Im Augenblick wollen wir das auf sich beruhen lassen«, antwortete ich. »Ich möchte sehen, was dieses Kind wahrnimmt.« Ich wandte mich wieder dem Kind zu und sagte: »Die Beine von deiner Mami sehen wirklich riesengroß aus.«

Sie sagte noch einmal und völlig überzeugend: »Ja, meine Mami wird nie mehr mit uns im Park spazierengehen können.«

22

Dann fragte ich sie nach der seltsamen Figur neben ihrer Mami, und sie antwortete mit großer Trauer und verhaltenem Zorn: »Das ist ein umgekippter Tisch.«

Ich wiederholte mit ungläubiger Stimme: »Ein umgekippter Tisch?«

»Ja, weil meine Mami nie mehr mit uns am Eßtisch essen wird.«

Daß ich dreimal »nie mehr« gehört hatte, genügte mir, um mit diesem klugen Kind ohne Umschweife reden zu können. Ich fragte sie, ob dies bedeute, daß ihre Mami so krank sei, daß sie bald sterben würde. D. sagte sehr nüchtern, dies würde bald geschehen. Und als ich sie fragte, was das für sie bedeute, sagte sie, wie Kinder es oft tun, daß ihre Mami in den Himmel kommen würde, aber weiter sagte sie nichts. Sie konnte sich den Himmel nicht recht vorstellen und ließ durchblicken, wie es bei unseren Kindern häufig vorkommt, daß dies eine Erklärung der Erwachsenen ist, die damit weitere Fragen abschneiden wollten.

Ich fragte sie, ob es ihr helfen würde, wenn ich ihr gleich jetzt mehr über den Zustand ihrer Mutter erzählte, da die Kinder sie in den vergangenen zwei Wochen nicht mehr besuchen durften und nichts mehr über sie erfahren hatten. Ich erklärte ihr, daß ihre Mutter dem Tod schon nahe war, daß sie aussah, als ob sie schliefe, und nicht mehr reden und sich nicht mehr bewegen konnte. Ich sagte ihr, daß sie sich einen Kokon vorstellen sollte, der ja völlig leblos aussieht. Wir malten uns den Kokon zusammen aus, und ich erklärte ihr gerade, daß im richtigen Augenblick sich jeder Kokon öffnet, und heraus kommt – »ein Schmetterling!« rief das Kind.

Wir unterhielten uns eine Weile darüber, daß der Tod nicht das Ende ist, daß der begrabene oder eingeäscherte Körper nur die Hülle war, so wie der Kokon »das Haus des Schmetterlings« war, und daß Schmetterlinge viel schöner und freier sind. Sie fliegen fort, und wir sehen sie nicht mehr, aber erst dann können sie sich an den Blumen und an dem Sonnenschein erfreuen. Beide Kinder saßen mit großen Augen da, begeistert von dieser Möglichkeit.

Wir sagten ihnen, daß der Arzt versprochen hatte, die Kinder »hineinzuschmuggeln«, wenn sie ihre Mutter noch einmal sehen wollten. Sie wußten, daß sie nicht mehr zu ihnen sprechen oder ihre Hände halten konnte. Wir ermutigten sie, ihr alles zu sagen, was ihnen am Herzen lag, auch wenn die Mutter nicht mehr antworten konnte, aber sie würde sie hören, und das wäre eine Hilfe für ihren Papa, der einsam und allein im Krankenhaus saß.

Wir gingen zu viert in meinen Garten und pflückten die letzten Chrysanthemen. Dann übernahm es die Lehrerin, die Kinder ins Krankenhaus zu bringen. Sie berichtete am nächsten Tag mit Tränen der Freude, daß die Kinder, kaum daß die Türe zum Krankenzimmer sich geöffnet hatte, schnurstracks ans Bett ihrer Mutter gingen, ihr die Blumen auf die Brust legten und flüsterten: »Mami, bald bist du so frei wie ein Schmetterling.« Der Vater und die Kinder erlebten diesen bewegenden Augenblick gemeinsam, und die Lehrerin zog sich zurück, damit die Familie allein sein konnte.

Am nächsten Morgen fragte D., ob sie ihren Schulkameraden ihre Erfahrung mitteilen dürfe. Sie ging stolz an die Tafel, zeichnete den Kokon und den Schmetterling und sagte ihren Mitschülern: »Meine Mami wird bald sterben, und es ist gar nicht so traurig, wenn man an einen Kokon denkt, der tot aussieht, aber nur auf den richtigen Augenblick wartet, dann öffnet er sich, und heraus kommt ein Schmetterling.« Ihre Klassenkameraden hörten nicht nur aufmerksam zu, sondern begannen, ihre Erfahrungen mit Todesfällen in der Familie und mit verstorbenen Haustieren zu erzählen. Ehe die Lehrerin es sich versah, war sie Zeugin geworden, wie – vermut-

lich zum ersten Mal – eine Schülerin der dritten Volks-
schulklasse einem äußerst aufmerksamen und aufge-
schlossenen Publikum von Mitschülern Unterricht über
Tod und Sterben erteilte.

Der rührendste Dankesbeweis flatterte einige Wochen später in Form eines großen Briefumschlags ins
Haus. Er enthielt einen Brief von D.

»Liebe Frau Dr. Ross, ich wollte Ihnen ein Honorar
für Ihre Konsultation geben. Ich überlegte, was Sie am
meisten freuen würde. Ich sende Ihnen als Weihnachts-
geschenk die Briefe und Zeichnungen meiner Mitschü-
ler, die sie mir nach dem Tod meiner Mutter geschickt
haben. Ich hoffe, daß sie Ihnen gefallen. Herzliche
Grüße – D.«

Kann man ein rührenderes »Honorar für eine Konsultation« bekommen, für eine einzige Stunde zusammen mit zwei reizenden Kindern, die das Glück hatten,
eine verantwortungsbewußte Lehrerin zu haben?

Sowohl die Eltern als auch die Kinder sind mit mir in
Verbindung geblieben. Gelegentlich schreiben sie mir
oder rufen mich an. Sie haben ihre Mutter in jungen Jahren verloren, aber diese Erfahrung bedeutet kein
Trauma für sie. Sie konnten es verstehen und anderen
mitteilen und haben ihrerseits für andere Kinder dieses
früher tabuisierte Thema angeschnitten.

In meinen Augen ist dies, wie gesagt, eine Art Präventivpsychiatrie. Sie gibt Kindern die Gelegenheit, ein Problem offen und unmittelbar anzugehen, am besten vor
Eintritt des Todes. Dazu bedarf es nur wenig Zeit. In jedem der beiden letzten Fälle war nur jeweils ein Hausbesuch nötig, einer im Haus der Patientin, der andere bei
mir zu Hause.

Vom Verstehen der »geheimen« Sprache

Aus diesen Gesprächen mit Patienten verschiedenen Alters und unserem Umgang mit ihren Problemen kann man sich vielleicht schon ein Bild machen, wie sehr uns die Arbeit auf diesem Gebiet am Herzen liegt und wie sehr sie uns befriedigt. Es ist dringend erforderlich, daß jeder, der Sterbende und ihre Familien betreut, jederzeit seine eigenen Sorgen und Ängste begreift, um die Projektion seiner eigenen Ängste zu vermeiden. Es ist ebenso wichtig, daß wir die symbolische Sprache, die viele unserer Patienten verwenden, wenn sie mit ihren Nöten nicht fertig werden und noch nicht bereit sind, offen über Tod und Sterben zu sprechen, erlernen und anderen vermitteln können. Sie bedienen sich derselben »geheimen« Sprache, wenn sie der Reaktion ihrer Umgebung nicht sicher sind oder wenn sie beim Betreuungspersonal oder ihren Familienmitgliedern mehr Angst hervorrufen, als sie selbst empfinden.

Sie bedürfen der Aussprache, sind sich jedoch ihrer tiefen Angst vor der Wahrheit vielleicht nicht einmal bewußt. In solchen Augenblicken kann ein erfahrener Lehrer, ein Geistlicher oder ein Psychologe auf die Zeichnungen zurückgreifen, die ein Ausdruck der nichtverbalen Symbolsprache sind.

Spontane Zeichnungen enthüllen ebensoviel wie ein Traum. Sie können innerhalb von wenigen Augenblicken und beinahe in jeder Umgebung angefertigt werden – im Krankenhaus, in der Schule oder zu Hause. Sie kosten lediglich ein Blatt Papier und Buntstifte. Innerhalb von Minuten kann man ihnen entnehmen, welches vorbewußte Wissen die Kinder oder Erwachsenen besitzen. Dies macht sie zu einem einfachen, billigen und leicht verfügbaren therapeutischen Mittel, solange es genügend verantwortungsbewußte Therapeuten gibt, die in der Interpretation dieses Materials geschult sind.

Ein besonderes Kapitel über die Herkunft dieser Technik und ihre mögliche Anwendung für Sterbende und Lebende folgt später in diesem Buch. Es wurde von einem meiner Studenten zusammengestellt, den wir nach England schickten, um die Methode bei Susan Bach zu studieren, einer bemerkenswerten Jungianischen Analytikerin, die sich auf das Studium spontaner Zeichnungen von sterbenskranken Kindern spezialisiert hat. Sie hat einen größeren Beitrag zum Verständnis dieser Kinder geleistet als viele Thanatologen, die Schlagzeilen machen in einer Zeit, in der die Forschung auf diesem Gebiet beinahe Mode geworden ist. Sie hat jahrzehntelang in aller Stille gearbeitet und hat sich der Ausbildung meines Studenten großzügig angenommen, damit er in den Vereinigten Staaten die Kunst und Wissenschaft der Interpretation der Zeichnungen, Figuren und Farben, die diese jungen Patienten verwenden, an andere weitergeben konnte.

Ich meine, der wichtigste Beitrag dieser Patienten besteht darin, daß sie uns beigebracht haben, daß die Kranken über ihren Zustand reden wollen, daß sie dazu in der Lage sind und um ihr Sterben wissen – und dies gilt auch für Hunderte von Patienten, denen die Ernsthaftigkeit ihrer Krankheit nie mitgeteilt wurde. Die Patienten wissen nicht nur, daß sie sterben, sondern sie können uns auch mitteilen, *wann* der Tod eintritt, wenn wir ihnen zuhören und die Sprache von Sterbenden verstehen können. Nur wenige Kranke sind in der Lage, in einfachen Worten über ihren bevorstehenden Tod zu sprechen. Patienten, die sagen können: »Meine Zeit rückt näher, und es ist mir recht«, oder die zu Gott beten, sie »bald zu sich zu nehmen« – diese Patienten vermitteln uns, daß sie mit ihrer Todesangst wenigstens zum Teil fertig geworden sind. Das sind die Patienten, die wir alle verstehen und die unsere Hilfe am wenigsten brauchen. Patienten, die »zu jung zum Sterben« sind, werden sich einer Symbolsprache bedienen, wie wir es nennen. Um die Sprache der Sterbenden zu verstehen, sollte man sich bewußt machen, worin die Angst vor dem Tod besteht. Wenn ich meine Zuhörer frage, wovor sie Angst haben, wenn sie an ihren Tod denken, sagen die meisten, daß sie vor dem Unbekannten, vor der Trennung, vor Schmerzen, vor dem Leiden, vor unerledigten Dingen und vor dem Verlassenmüssen ihrer Nächsten Angst haben. Dies ist aber nur ein kleiner Teil der Angst vor dem Tod und nicht einmal der bedeutendste. Dr. George Wahl vergleicht die Angst vor dem Tod mit einem Eisberg. Ein kleiner Teil ragt über die Wasseroberfläche hinaus, der wichtigste Teil ist verborgen, unsichtbar unter dem Wasser. Es gibt vieles, was wir mit Todesangst assoziieren, aber es ist verdrängt und unbewußt, und diesen Teil müssen wir verstehen lernen. Meinem Unbewußten fällt es sehr schwer, sich meinen Tod vorzustellen. Ich glaube, daß er diesen oder jenen Menschen ereilt, aber nicht mich, wie in dem Psalm, wo es heißt, daß tausend zu deiner Linken und zehntausend zu deiner Rechten sterben werden, aber dir wird nichts geschehen. Wenn ich mir meinen eigenen Tod vorstellen soll, kann ich nur an ein plötzliches Ende denken. Ich kann mir meinen eigenen Tod nur so vorstellen, daß irgend jemand oder irgend etwas kommt und mich umbringt. Das muß man wissen, wenn man mit Krebspatienten spricht. Auch wenn der Krebs frühzeitig diagnostiziert wird, auch wenn eine Chance der Heilung besteht, werden die Kranken ihre bösartige Krankheit immer mit einer katastrophalen, destruktiven Macht in Verbindung bringen, die auf sie losgelassen wird. Damit geht ein Gefühl der Ohnmacht und Hilflosigkeit Hand in Hand.

Wer das begreift, wird auch die Sprache verstehen, die vor allem Kinder verwenden, wenn sie ihr Wissen um ihren bevorstehenden Tod mitteilen wollen. Die

Symbolsprache besteht aus zwei verschiedenen Sprachen. Kleine Kinder im Alter von vier bis zehn oder zwölf Jahren werden eine nonverbale Symbolsprache verwenden. Sie verwenden Zeichnungen, Bilder, Teddybären, Puppen oder Puppenhäuser, durch die sie in symbolischen Gesten über ihr Sterben sprechen. Ältere Kinder, Jugendliche und Erwachsene gebrauchen häufiger eine verbale Symbolsprache.

Ein Beispiel der *nichtverbalen Symbolsprache* lieferte ein dreizehnjähriger Junge, der ein Jahr lang in der Kinderklinik auf eine Nierentransplantation wartete. Er war ein böser, verstockter, deprimierter Junge, der immer so tat, als wollte er kleine Mädchen auf der Krankenstation erschießen, und damit seine Pflegerinnen in Aufregung versetzte. Eines Tages wurde ich gebeten, einzuschreiten, weil Bobbys Verhalten untragbar geworden war und er die anderen kranken Kinder mit seinem symbolischen Erschießen bedrohte. Ich beobachtete ihn eine Zeitlang, ohne daß er mich sah, und bemerkte, daß er nur kleine Mädchen erschoß. Ich ging darauf in sein Zimmer und fragte ihn: »Bobby, kannst du dir nicht manchmal einen Jungen aussuchen?« Ich wollte ihm zu verstehen geben, daß ich ihn nicht dafür verurteilte, daß er andere Kinder »erschoß und tötete«, sondern daß ich herausbringen wollte, warum er bestimmte »Opfer« wählte. Er drehte sich um und sagte: »Haben Sie auch bemerkt, daß ich nur kleine Mädchen nehme, die alle gesunde Nieren haben?« Ich verneinte in diesem Augenblick, weil ich nicht glauben konnte, daß dieser kleine Junge mehr über den Gesundheitszustand dieser kranken Kinder wußte als ich. Ich wußte nicht einmal, bei welchen Kindern die Niere angegriffen war und bei welchen nicht. Durch sein symbolisches Erschießen von kleinen Mädchen wollte er andeuten, daß er ungeduldig war und daß sie schnell sterben sollten, damit er eine Lebenschance hätte. Ich hoffe, man erkennt, wie wichtig es ist, solche

Patienten nicht zu verurteilen! Man darf ihnen auf keinen Fall sagen, daß sie schlimm sind und sich besser benehmen sollen. Es ist wichtig, daß wir die nichtverbalen Kommunikationen dieser verzweifelten Kinder verstehen und sie für sie übersetzen, um ihnen zu helfen, sie verbal auszudrücken, damit wir ihre Ungeduld und ihren Zorn mittragen können – in Bobbys Fall sein langes Warten im Krankenhaus mit so wenig Hoffnung auf das rechtzeitige Eintreffen einer Niere.

Die verbale Symbolsprache wird von älteren Kindern, Jugendlichen und Erwachsenen verschiedenen Alters verwendet, die einfach Angst haben zu sterben. Dies sind jedoch auch die Patienten, die am wenigsten verstanden werden, weil in unseren Schwesternschulen, medizinischen Fakultäten, Seminaren und Ausbildungsstätten für Sozialarbeiter die Symbolsprache nicht ausreichend gelehrt wird. Ein Beispiel einer verbalen Symbolsprache gab die kleine Susan, die mit acht Jahren im Krankenhaus starb. Sie lag in einem Sauerstoffzelt allein in einem Zimmer, ein stilles, braves Mädchen, das anderen Menschen nie ihr Wissen um ihren bevorstehenden Tod anvertraute. Jeder mochte sie gern, weil sie den Erwachsenen nicht lästig war, aber sie wußte, daß sie im Sterben lag. Erinnern wir uns an die Definition von Todesangst, nämlich als eine Angst vor einer katastrophalen, destruktiven Macht, die einen überfällt und der man ohnmächtig gegenübersteht. Einmal rief Susan mitten in der Nacht ihre Lieblingsschwester und fragte nur: »Was geschieht, wenn ich im Sauerstoffzelt bin und Feuer ausbricht?« Die Schwester sah sie erstaunt an und sagte: »Hab keine Angst, hier raucht niemand.« Dann verließ sie das Zimmer, aber dann hörte sie einen Augenblick auf ihre instinktive Reaktion »aus dem Bauch«, wie wir sagen. Ihr wurde bewußt, daß sie etwas sehr Wichtiges überhört hatte, aber sie wußte nicht, was es war.

Diese junge Krankenschwester hatte den Mut, ihrer

Intuition nachzugeben, und rief mitten in der Nacht die Oberschwester an. Dazu war Mut nötig, denn die meisten von uns würden sich darüber hinweggesetzt und sich gesagt haben: »Ach, es ist nicht so wichtig«, weil wir nicht gerne andere Leute mitten in der Nacht behelligen. Sie hatte glücklicherweise eine verständnisvolle Oberschwester, die sie für ihre Reaktion nicht verurteilte und die sich außerdem sehr gut auf die Sprache sterbender Kinder verstand. Die ältere Schwester sagte der jüngeren, daß dieses kleine Mädchen mit ihr über das Sterben reden wollte. Sie riet ihr, in das Zimmer des Mädchens zurückzugehen, sich einfach hinzusetzen und zuzuhören. Die junge Krankenschwester hatte Hemmungen, das zu tun, und brachte wiederum den Mut auf, das einzugestehen.

Die ältere Schwester kam nun ins Krankenhaus, besuchte das Mädchen und fragte einfach: »Was hast du über das Sauerstoffzelt und das Feuer gesagt?« Die Kleine wiederholte ihre Frage, und die Schwester tat etwas sehr Schönes: Sie öffnete das Sauerstoffzelt und legte sich mit ihrem Oberkörper auf das Kissen des Mädchens, ganz dicht bei ihr, und fragte: »Ist das so besser?« Susan begann zu weinen. Sie dachte eine Weile nach und sagte dann schlicht: »Ich weiß, daß ich sehr bald sterben werde, und muß mit irgend jemandem darüber reden.« Sie redeten ungefähr fünfundvierzig Minuten miteinander und teilten sich alles mit, was gesagt werden mußte, und die Schwester fragte sie, wie wir es bei allen unseren neuen Patienten tun: »Kann ich noch irgend etwas für dich tun?« Das Kind seufzte tief und sagte: »Ja, wenn ich nur mit meiner Mutter so reden könnte.«

Die Schwester nahm diesen Wunsch zur Kenntnis und sagte dem Mädchen gute Nacht. Am nächsten Morgen bat sie die Mutter in ihr Sprechzimmer und erzählte ihr von dem Gespräch in der Nacht vorher. Alles ging gut bis zum letzten Augenblick, als die Schwester der Mutter mitteilte: »Ganz zum Schluß sagte Ihre Tochter, wenn sie doch nur einmal mit Ihnen so sprechen könnte.« Die Mutter stand abrupt auf, schob die Schwester fort und lief aus dem Sprechzimmer und rief: »Nein, nein, nein, ich kann nicht, ich kann nicht!« Diese Mutter besuchte ihr Kind nie wieder allein. Das Kind starb, ohne mit seiner Mutter allein gesprochen zu haben. Die Mutter kam zu allen Besuchsstunden, aber von diesem Tag an nahm sie immer drei oder vier andere Kinder von der Station mit und verschanzte sich hinter ihnen, damit ihre Tochter es nicht wagen würde, über ihr Sterben zu sprechen. Das war unser Fehler, aber ich möchte nicht nur von unseren Erfolgen, sondern auch von unseren Fehlern erzählen, weil ich meine, daß wir mehr aus unseren Fehlern als aus unseren Erfolgen lernen können. Bei dieser Patientin bestand das Problem darin, daß wir nur auf das Bedürfnis des Kindes achteten. Es ist sehr wichtig, daß wir das Abwehrverhalten anderer Menschen respektieren. Wir müssen auch auf ihre Bedürfnisse hören und dürfen nicht unsere eigenen Bedürfnisse auf sie übertragen.

In diesem Fall achteten wir genau auf die Bedürfnisse des kleinen Mädchens, aber in unserem ehrgeizigen Bemühen, dieser kleinen Patientin zu helfen, mißachteten wir die Bedürfnisse der Mutter. Wenn wir dem Kind wirklich aufmerksam zugehört hätten, hätten wir gewußt, daß die Mutter für eine solche Aussprache noch nicht bereit war. Das wußte sogar Susan. Sie wußte, daß ihr Tod nahe bevorstand und daß sie wahrscheinlich sterben würde, ehe die Mutter bereit war, sich damit auseinanderzusetzen. Als sie spürte, daß sie nicht mehr viel Zeit hatte, suchte sie in der jungen Krankenschwester eine Ersatzmutter. Wenn wir dies erfaßt hätten, hätten wir die Mutter trotzdem aufgefordert, sich einen Teil des Gesprächs berichten zu lassen, hätten sie jedoch gebeten, uns zu sagen, wann wir aufhören sollen, damit wir nicht zu schnell vorgehen für jemanden, der noch nicht bereit ist, den Dingen ins Auge zu sehen. Wir haben nicht immer Erfolg, aber es ist wichtig, daß wir zu dieser Patientin aufrichtig waren und ihr sagten, daß wir gerne mit ihrer Mutter sprechen wollten, doch das Gefühl hätten, daß die Mutter noch nicht soweit war. Dann wurden wir die Ersatzmütter, so daß Susan mit einer Krankenschwester über die Dinge reden konnte, die sie lieber mit ihrer Mutter besprochen hätte, falls diese rechtzeitig die nötige Hilfe bekommen hätte, mit dem Tod ihrer kleinen Tochter fertig zu werden.

Bisher habe ich über die Mitteilungen der Patienten gesprochen und über ihr Bedürfnis, über ihren bevorstehenden Tod zu reden. Ich möchte jetzt etwas darüber sagen, wie Patienten sich ausdrücken, wenn sie nicht die Tatsache, *daß* sie im Sterben liegen, mitteilen wollen, sondern *wann* sie sterben werden. Manchmal mache ich im Krankenhaus die Runde und gebe den Patienten nach europäischer Sitte die Hand. Eine Sterbende hält meine Hand auf eine andere Art, und ich sehe sie an und frage sie: »Ist es das letzte Mal?« Die Patientin nickt. Darauf verabschiede ich mich von ihr, und am nächsten Morgen ist das Bett leer. In dieser nichtverbalen Art teilen Kranke uns manchmal mit, daß ihr Tod nahe ist. Ein anderes Beispiel ist ein alter Mann, der bei uns im Haus wohnte. Die Ärzte gaben ihm zwei Monate, aber er lebte noch zweieinhalb Jahre. In unseren Augen ist es ein Unfug, den Patienten zu sagen, daß sie noch eine bestimmte Anzahl von Monaten zu leben haben, weil diese Information so gut wie nie stimmt. Als dieser Mann seinem Ende nahe war, besuchte ich ihn eines Morgens mit einer Tasse Kaffee und einem Stück Kuchen. Er blickte unvermittelt auf und sagte: »Ich möchte dir ein Geschenk machen.« »Ein Geschenk?« erwiderte ich. Das sah ihm nicht ähnlich. Er sagte: »Ja, ich möchte dir meinen Stock schenken.« Es lag mir auf der Zunge, zu sagen: »Aber du brauchst doch deinen Stock.« Dieser Stock war sein einzig wichtiger Besitz auf Erden; ohne ihn konnte er nicht einmal auf die Toilette gehen. Doch dann hörte ich auf meine Reaktion »aus dem Bauch« und sagte nichts. Ich nahm seinen Stock an und ging damit aus dem Zimmer. Als ich zurückkam, um die Kaffeetasse zu holen, war er gestorben.

Mit diesem Beispiel möchte ich etwas Wichtiges mitteilen, nämlich daß die Kranken nicht nur von der Tatsache ihres bevorstehenden Todes sprechen, sondern auch von seinem Zeitpunkt. Ärzte, Schwestern und Pfleger können ihn von ihren Patienten erfahren; aber dies ist fast unmöglich, wenn es sich um ein Mitglied der eigenen Familie handelt. Wäre dieser Mann nach zweieinhalb Jahren Zusammenleben nicht zu einem Familienmitglied geworden, hätte ich ihn verstanden. Wenn er ein Patient von mir gewesen wäre und gesagt hätte: »Ich möchte Ihnen meinen Stock schenken«, hätte ich verstanden, was er damit sagen wollte. Dann hätte ich mich zu ihm setzen und ihn fragen können: »Du brauchst deinen Stock nicht mehr, gelt?«, und er hätte verneint, und dann hätten wir darüber sprechen können. Da er aber ein Mitglied meiner Familie war, überhörte ich seine Botschaft, und sie wurde mir erst bewußt, als er schon tot war. Ich betone dies, damit sich keiner grämt, der von diesen Fällen aus meinem Patientenkreis liest und an Mitglieder seiner eigenen Familie denkt, die im Sterben lagen und ihm vielleicht Dinge mitteilen wollten, die er nicht verstehen konnte.

Die fünf Stadien

Wir haben Patienten gefragt, ob es ihnen lieber gewesen wäre, wenn man ihnen die Ernsthaftigkeit ihrer Krankheit früher mitgeteilt hätte, um ihnen mehr Zeit zu geben, sich damit auseinanderzusetzen. Die Mehrzahl unserer Patienten teilte uns mit, daß es ihnen lieber gewesen wäre, wenn ihr Arzt von Anfang an aufrichtig zu ihnen gewesen wäre, wenn sie frühzeitig erfahren hätten, daß sie schwer krank waren, und genügend Zeit gehabt hätten, sich damit abzufinden und Fragen nach Einzelheiten zu stellen, wenn sie bereit gewesen wären, die Antworten aufzunehmen. Patienten, die diesen Wunsch aussprachen, setzten jedoch zwei Bedingungen hinzu, die erfüllt werden müssen, damit ein Patient mit seinem bevorstehenden Tod fertig wird.

Die wichtigere ist die, daß der Arzt immer Raum für Hoffnung lassen soll. Dabei muß man beachten, daß die Hoffnung am Anfang einer ernsten Krankheit etwas völlig anderes ist als die Hoffnung am Ende des Lebens. Am Beginn einer bösartigen Krankheit besteht die Hoffnung des Patienten immer darin, daß die Diagnose nicht stimmt. Wenn die Diagnose sich bestätigt, hofft er, daß die bösartige Krankheit sich in einem frühen Stadium befindet und noch behandelt werden kann. Die Hoffnung in diesem Stadium bezieht sich also immer auf Heilung, Behandlung und Verlängerung des Lebens. Wenn diese drei nicht mehr wahrscheinlich sind – ich sage nicht: unmöglich, weil es immer Ausnahmefälle gibt –, dann verwandelt sich die Hoffnung des Patienten in eine neue, die nichts mehr mit Heilung, Behandlung und Verlängerung des Lebens zu tun hat. Dann sagt er vielleicht eines Tages schlicht: »Hoffentlich wird etwas aus meinen Kindern«, oder: »Ich hoffe, daß Gott mich in sein Reich aufnimmt.« Auch das ist Hoffnung.

Die zweite Bedingung besteht darin, daß der betreuende Arzt den Patienten nicht im Stich läßt. Dies bedeutet einfach, daß wir uns noch als Menschen um ihn kümmern, auch wenn der Zustand des Patienten das Bedürfnis des Arztes, zu heilen, zu behandeln und das Leben zu verlängern, nicht mehr erfüllen kann.

Um anderen weiterzugeben, was wir von unseren sterbenden Patienten gelernt haben, suchten wir nach gemeinsamen Erfahrungen und stellten fest, daß die meisten Patienten fünf Stadien durchmachen. Wenn sie sich ihrer möglicherweise tödlichen Krankheit bewußt werden, ist die erste Reaktion meistens Schock und Nichtwahrhabenwollen. Das ist die »Nein, nicht ich«-Stufe, wie wir sie nennen. Die meisten Menschen glauben nicht, daß ihnen so etwas zustoßen könnte; daß es wohl diesem oder jenem geschehen könnte, aber nicht ihnen selbst. Wenn Patienten sich in dieser Phase des Leugnens befinden, hören sie nicht, was wir ihnen vermitteln wollen. Wenn der Arzt ihnen Einzelheiten über ihre ernste Krankheit mitteilt, registrieren sie diese kurz und verdrängen sie dann. Wenn sie zu ihrer Arbeit zurückgekehrt sind, tun sie oft so, als sei ihnen nichts Schlimmes zugestoßen, und stecken den Kopf in den Sand. Andere gehen von einem Arzt zum anderen, von einer Klinik zur anderen, in der verzweifelten Suche nach einem Menschen, der ihnen sagt, daß es nicht stimmt. Wenn ein Patient sich im Zustand des Leugnens befindet, kann man zweierlei für ihn tun.

Stellen Sie zum ersten fest, ob es sich um ein Problem von Ihnen oder um ein Bedürfnis des Patienten handelt. Neun von zehn Patienten, die an uns verwiesen werden und sich angeblich in der Phase des Leugnens befinden, sind gar nicht in dieser Phase, aber sie nehmen schnell wahr, daß *Sie* nicht darüber reden können. Dies drückt sich in der Tatsache aus, daß Sie das Zimmer betreten und über die schönen Blumen oder das gute Wetter sprechen. Dann machen die Kranken bei dieser Verschwörung des Schweigens mit, damit Sie sie nicht im Stich lassen. Wenn Sie mit sich zu Rate gegangen und sicher sind, daß es nicht ein Leugnen Ihrerseits ist, können Sie diesen Patienten vermitteln, daß Sie jederzeit zur Verfügung stehen, wenn sie davon reden wollen. Wenn ein Patient das Leugnen dann aufgibt und kurz mit einem anderen Menschen darüber reden will, wird er sich an Ihre Bemerkung erinnern und Sie rufen. Unglücklicherweise geben die Patienten ihr Leugnen gewöhnlich nicht zwischen 9 und 16 Uhr 30 auf, sondern mitten in der Nacht, meistens zwischen 2 und 3 Uhr früh. Um diese Zeit wachen sie auf, wenn ihre Abwehrkräfte schwach sind, wenn es im Zimmer still, einsam und dunkel ist, und dann überkommt es sie – so würde es also sein! Dann sollten sie klingeln dürfen, und der Geistliche, die Schwester oder ein Freund sollte auf Zehenspitzen ins Zimmer kommen, sich hinsetzen und einfach fragen dürfen: »Möchtest du jetzt darüber sprechen?« Wenn Sie das fertigbringen, werden Sie um 3 Uhr morgens in zehn Minuten mehr hören als in zehn Stunden während des Tages. Dann kann ein Patient über seine Ängste, seine Bedürfnisse, seine Wunschträume, seine Hoffnungen und die unerledigten Dinge sprechen und doch unter Tags oft wieder in das Leugnen zurückfallen, wenn er mit Menschen beisammen ist, die Hemmungen haben, darüber zu reden.

Ich möchte zwei Beispiele geben. Das eine betrifft eine Frau, die bis zum letzten Tag ihres Lebens das Leugnen nötig hatte. Das andere betrifft einen Mann, der anscheinend in der Phase des Leugnens war, aber offensichtlich wußte, wie es um ihn stand, obwohl sonst niemand dieser Tatsache ins Auge sehen mochte.

Frau W. war eine achtundzwanzigjährige Mutter mit drei kleinen Kindern im Vorschulalter. Sie hatte eine Leberkrankheit, und aus diesem Grunde fiel sie immer wieder in ein hepatisches Koma, in Zustände der Geistesverwirrung und in psychotische Schübe. Sie war eine junge Frau und meinte, daß sie zu jung war zum Sterben. Sie hatte eigentlich nie Zeit gehabt, mit den Kindern zusammenzusein. Während ihrer Zeiten der Verwirrung war sie völlig orientierungslos. Sie mußte immer wieder ins Krankenhaus; ihr Mann mußte ein Darlehen aufnehmen, um die Klinik- und Ärzterechnungen bezahlen zu können. Er hatte Schwierigkeiten, einen Babysitter zu finden, und bat schließlich seine Mutter, ins Haus zu kommen und die Kinder zu versorgen. Die Schwiegermutter war auf ihre Schwiegertochter nicht gut zu sprechen und hätte es am liebsten gesehen, wenn alles möglichst bald überstanden gewesen wäre.

Der junge Vater hatte große Sorgen wegen seiner finanziellen Probleme und der Unordnung seines Haushalts. Eines Tages kam er müde und verzweifelt von seiner Arbeit nach Hause und schrie seine sterbende Frau an: »Es wäre gescheiter, du würdest dich einen einzigen Tag lang wie eine Hausfrau und Mutter benehmen, anstatt dieses Elend weiter hinzuschleppen!« Die junge Frau spürte, daß ihr Mann ihre Tage zählte. Die Schwiegermutter wollte sie so bald wie möglich los sein, und die drei Kinder machten es ihr auch nicht leichter, denn sie fühlte sich noch mehr schuldbewußt, weil sie sie im Stich ließ. In ihrer Verzweiflung ging sie ins Krankenhaus auf der Suche nach einer Hoffnung. Ein junger, an diesem Tag sehr beschäftigter Arzt sagte ihr einfach: »Ich kann nichts mehr für Sie tun.« Er entließ sie, ohne eine weitere Sprechstunde mit ihr zu vereinbaren.

Was würden Sie tun, wenn Sie diese junge Frau wären? Sie hatte drei Möglichkeiten, sich zu wehren. Eine kurze Zeitlang hatte sie eine mörderische Wut. Dann zog sie einen Selbstmord in Betracht – aber sie wollte eigentlich nicht sterben. Es kommt oft vor, daß solche Patienten sich dann der Illusion hingeben, in einer besseren Welt zu leben, und das gilt auch für Leute, die normalerweise keine psychotischen Abwehrmechanismen gebrauchen. Diese Frau hatte zu dieser Zeit keine der drei Möglichkeiten der Abwehr nötig. Sie hatte eine Nachbarin, die ihr zuhörte und ihr sagte: »Geben Sie nie die Hoffnung auf. Wenn niemand und nichts Ihnen Hoffnung gibt, können Sie immer noch zu einem Heiler gehen!« Die Nachbarin brachte sie zu einem Priester in der Hoffnung, daß er sie anhören würde. Aber er konnte es nicht wegen seiner eigenen Ängste. Er sagte ihr, daß eine gute Katholikin nicht zu einem Gesundbeter geht. Er hörte jedoch nicht, daß es dieser Patientin im Grunde gar nicht darum ging, sondern daß sie um Hoffnung bat, die er ihr natürlich hätte geben können. Sie verließ den Priester noch bekümmerter und beunruhigter und zweifelte sogar an ihrem religiösen Glauben. Sie ging dann doch zu dem Geistheiler und ging angeblich geheilt fort. Und dann tat sie etwas, was viele Menschen befremdet – sie erzählte jedem von dem Wunder, wie Gott sie geheilt habe. Die Menschen gingen ihr aus dem Weg. Einige Tage später war sie zu Hause und hörte auf, ihre Medikamente zu nehmen und die Diät einzuhalten, der sie dringend bedurfte. Sie fiel wieder in ein hepatisches Koma und wurde von ihrer Familie, für die die Situation untragbar geworden war, in der Notaufnahme abgeladen. Sie warteten nicht einmal, bis der Arzt kam.

Auf der Krankenstation vollzog sich die gleiche Tragödie. Die Patientin wurde gut versorgt, solange sie in einem kritischen Zustand war, doch sobald sie aus ihrem hepatischen Koma heraus war, ging sie in flatterndem Nachthemd den Korridor auf und ab und erzählte jedem von dem Wunder und wie Gott sie geheilt hatte. Man wollte sie auf der Station nicht mehr behalten und beantragte eine Überweisung in die Psychiatrie. Dort war man gegen die Aufnahme von todkranken Patienten und wollte sie ebenfalls nicht haben. Wir nennen so etwas das Ping-Pong-Spiel. Es ist eine tragische Begleiterscheinung unserer großen Universitätskliniken. Und obwohl diese Absprachen hinter geschlossenen Türen stattfinden, spürt der Patient sehr schnell, daß niemand ihn haben will.

Als ich diese Frau in einer Konsultation zu sehen bekam, fiel mir auf, daß sie von nichts anderem reden konnte als von dem Wunder Gottes. Sie war nicht einmal in der Lage, über ihre Kinder zu sprechen. Ich unterhielt mich mit ihr über das angebliche Wunder, doch während ich ihr zuhörte, sah ich auch ihren Nachttisch und all die Dinge, mit denen sie sich umgab. Ich gewann den Eindruck, daß diese Frau alle Gegenstände mitgenommen hatte, die eine Frau einpacken würde, wenn sie einige Wochen in einem Hotel verbringen will. Die Lokkenwickler, die Bücher, das Schreibpapier deuteten darauf hin, daß sie wußte, daß sie eine lange Zeit in der Klinik zubringen würde. Dann dämmerte mir, daß sie vermutlich eine derjenigen Patienten war, die ihren Zustand bis an ihr Lebensende leugnen müssen, weil die Realität zu schwer zu ertragen ist. Ich tat etwas, was wir in der Psychiatrie selten tun. Ich sagte ihr, daß ich ihr dabei helfen würde, ihr Leugnen aufrechtzuerhalten, daß ich nie mit ihr über die Ernsthaftigkeit ihrer Krankheit oder über ihr Sterben reden würde, aber nur unter zwei Bedingungen. Die eine war, daß sie unsere Hilfe annahm, und das bedeutete, daß sie ihre Diät einhielt und ihre Medikamente schluckte. Die zweite Bedingung war, daß sie aufhörte, in die Kantine zu gehen und sich vollzustopfen, denn das kam einem maskierten Selbstmordversuch gleich. Ich sagte ihr nicht, daß sie nicht mehr in den Korridoren umherschweben und von dem Wunder Gottes reden sollte, aber sie stellte dieses Verhalten auffallenderweise von selbst ein, sobald sie wußte, daß jemand sie oft besuchen und sie nicht im Stich lassen würde.

Ich besuchte diese Frau, sooft ich einen Moment frei hatte. Ich glaube, sie lehrte mich, was bedingungslose Liebe ist. Sie war die einsamste Patientin, die ich in all den Jahren meiner ärztlichen Praxis gesehen habe. Man behielt sie auf der medizinischen Station, aber sie wurde in das letzte Zimmer am Ende des Korridors, am weitesten entfernt von der Schwesternstation, gelegt. Es wurde ihr nicht nur eine, sondern es wurden zwei Türen für immer zugeschlagen. Sie hatte niemals Besuch. Sie war das Bild grenzenloser Einsamkeit und Isolierung. Einmal besuchte ich sie und sah, wie sie unruhig auf der Kante ihres Bettes saß, mit zerrauften Haaren und dem Telefonhörer in der Hand, ohne hineinzusprechen. Ich fragte: »Was machen Sie denn nur?« Sie sah mich mit einem erbarmungswürdigen Lächeln an und sagte: »Ach, ich wollte nur einmal ein Geräusch hören.« Dies ist die Einsamkeit der sterbenden Patienten, von denen hier die Rede ist. Einige Wochen später, als ich sie weiterhin besuchte, war ich von dem Gestank und der schlechten Luft in ihrem Zimmer schockiert. Meine instinktive Reaktion war, die Fenster zu öffnen und etwas frische Luft ins Zimmer zu lassen. Als ich sie noch einmal ansah, wie sie steif, mit angelegten Armen und einem seltsamen Lächeln auf dem Gesicht (das ein Psychiater hebephren nennen würde) in ihrem Bett lag, fuhr ich sie an: »Worüber lächeln Sie denn bloß?« Damit wollte ich zu verstehen geben, daß in diesem Zimmer weiß Gott nichts war, worüber man hätte lächeln können! Sie blickte mich beinahe verwundert an und sagte: »Sehen Sie nicht diese herrlichen Mimosen, diese wunderbaren Blumen, mit denen mein Mann mich umgeben hat?«

Wovon sprach diese Patientin? Es erübrigt sich, zu sagen, daß keine Blumen im Zimmer waren. Wir hatten diese Frau als Psychotikerin betrachtet, und das bedeutet, daß sie ihren Realitätssinn verloren hatte. Auf einer anderen Ebene besaß sie jedoch einen hervorragenden Realitätssinn. Sie wußte nur zu gut, daß sie ohne den Ausdruck von Liebe, vor allem von seiten ihres Mannes, nicht leben konnte. Aber sie war realistisch genug, die Tatsache anzuerkennen, daß diese Liebesbeweise in Form von Blumen erst nach ihrem Tod eintreffen würden, wenn sie in ihrem Sarg läge. Um leben zu können, hatte sie sich eine Illusion aufgebaut mit Hilfe der Blumen, die ihr Mann ihr nach ihrem Tod schicken würde.

Was würden Sie tun, wenn Sie diese Patientin besuchen würden und ihre Symbolsprache verstünden? Würden Sie ihr helfen, der Wirklichkeit ins Auge zu sehen, und die Fenster öffnen, »um frische Luft hereinzulassen«? Oder würden Sie sich auf die Blumen beziehen, die sie eben sehen mußte, um leben zu können, auch wenn sie nicht vorhanden waren? Die Fenster zu öffnen und frische Luft hereinzulassen wäre eine taktlose Ehrlichkeit gewesen, die ihr nicht geholfen hätte. Ich bin sicher, daß viele Menschen versucht gewesen wären, auf die illusionären Blumen einzugehen, weil sie diese brauchte, um leben zu können, aber das ist nicht nötig. Wenn man keine Blumen sieht, sollte man nicht so tun, als wären sie vorhanden. Ich wollte schon nach Hause in meinen Garten gehen und ein paar echte Blumen pflücken und sie ihr bringen, aber auch dies war nicht nötig. Worum bat diese Patientin in Wirklichkeit? Bat sie denn um Blumen? Nein! Diese Patientin bat ganz einfach um etwas Liebe, am liebsten von ihrem Ehemann. Wir konnten ihren Mann nicht mehr dazu bewegen, sie zu besuchen. Dies ist der schwierigste Teil unserer Arbeit mit Sterbenden und deren Familien. Wenn eine Familie sich umgestellt und »den Patienten abgeschrieben« hat, ist sie zu keiner Wiederaufnahme der Beziehung bereit. Dann müssen wir ersatzweise als Liebesobjekt oder als Familie einspringen.

Ich setzte mich einfach zu ihr. Ich öffnete nicht die Fenster und brachte ihr keine Blumen. Ich saß einfach bei ihr und hielt ihre Hand. Während eines meiner letzten Besuche saß ich bei ihr und hatte wohl den starken Wunsch, mit ihr über ihren Zustand zu sprechen. Ich sah sie mit fragendem Blick an und wollte damit sagen: »Können wir jetzt endlich davon reden?« Sie lächelte

und sagte: »Wissen Sie, wenn meine Hände immer käl-
ter werden, hoffe ich, daß ich so warme Hände be-
komme wie Sie, während Sie meine halten.«

Spricht diese Frau vom Sterben? Wenn man akzep-
tiert, daß auch diese Art der Kommunikation ein Gespräch über das Sterben ist, was wir natürlich tun, dann
kann ich sagen, daß Tausende von Patienten über ihr
Sterben gesprochen haben, ob sie auf der Stufe des
Leugnens stehenblieben oder ob sie sich zu den nächsten Stufen durchringen konnten. Unter den vielen Patienten, deren Sterben wir verfolgt haben, gab es nur
ganz wenige, die bis zu ihrem Ende das Leugnen nötig
hatten. Es ist sehr wichtig, dieses Leugnen nicht zu ent-
larven, sondern die Bedürfnisse des Patienten und seine
innere Abwehr zu respektieren. Aber sogar diejenigen,
die bis zuletzt an ihrem Nichtwahrhabenwollen festhiel-
ten, waren imstande, ihr Wissen um ihren bevorstehenden Tod in einer verbalen oder nichtverbalen Symbolsprache zu vermitteln.

Mein zweiter Fall ist ein dreiundfünfzigjähriger
Mann, Herr H., der mit Krebsmetastasen in die Klinik
eingeliefert wurde. Medizinisch war ihm nicht mehr zu
helfen, und da seine Frau sich weigerte, ihn zum Sterben
nach Hause zu nehmen, war guter Rat teuer, was mit
ihm geschehen sollte. Sie war von ihrem Mann tief enttäuscht, der offenbar nie ihre Bedürfnisse befriedigt
hatte. Es handelte sich dabei um zwei Grundbedürfnisse
oder Wunschträume, die unerfüllt geblieben waren. Sie
hatte immer davon geträumt, einen Mann mit einem
starken, muskulösen Körper zu bekommen, der viel
Geld heimbrachte, doch er erfüllte weder das eine noch
das andere Bedürfnis. Das nahm sie ihm übel und war
verbittert, als er auf »Haut und Knochen« herunterkam
und die Rechnungen wuchsen, und sie beschloß, ihn lieber in ein Pflegeheim zu schicken, als ihn zu Hause zu
Tode zu pflegen. Auf diese Weise würde sie weiterarbei-

ten und Geld verdienen können, ohne daß er ihr »lästig fiel«. Das Problem wurde dringlich, da im Pflegeheim ein Bett für den nächsten Tag zur Verfügung stand, aber Herrn H. war von seiner Entlassung aus der Klinik und seiner Übersiedlung in ein Pflegeheim noch nichts gesagt worden. Die Ärzte wußten nicht, wie sie einem dreiundfünfzigjährigen Mann beibringen sollten, daß er zum Sterben in ein Pflegeheim gehen mußte. Die Schwestern, die sich immer darüber beklagen, daß die Ärzte nicht aufrichtig sind, erhielten die Genehmigung, Herrn H. zu informieren. Sie erklärten, daß dies nicht ihre Aufgabe, sondern die eines Sozialarbeiters sei! Schließlich besuchte eine Fürsorgerin Herrn H. mit dem Vorsatz, ihm zu eröffnen, daß er in ein Pflegeheim gebracht werden sollte. Sie merkte jedoch schnell, daß die nächste Frage des Patienten lauten würde: »Warum kann ich nicht nach Hause gehen?«, und dann wäre sie gezwungen, ihm zu sagen, daß seine Frau ihn nicht zu Hause haben wollte und daß er Krebs hatte. Die Fürsorgerin wandte sich schließlich um Rat und Hilfe an mich.

Als ich Herrn H. besuchte, sagte ich ihm, daß ich ein Seminar veranstaltete, in dem wir lernen wollten, wie man sich mit schwerkranken und sterbenden Patienten verständigt. Er erklärte bereitwillig, daß er an dem Seminar gerne teilnehmen wollte, und auf dem Weg in den Unterrichtsraum fragte ich ihn, warum er zugestimmt hatte, obwohl jeder vorausgesagt hatte, daß er nicht kommen würde. Er antwortete: »Ach, das ist sehr einfach. Sie haben nämlich von ›Verständigung‹ gesprochen. Ich habe verzweifelt versucht, mich mit meiner Frau zu verständigen, aber es gelingt mir einfach nicht, und jetzt bleibt mir nur noch so wenig Zeit.« In einem einzigen Satz hatte mir Herr H. mitgeteilt, daß er noch etwas zu erledigen hatte und sich dessen bewußt war, daß ihm nur noch wenig Zeit zur Verfügung stand. Im Unterrichtsraum fragte ich ihn: »Herr H., wie krank sind Sie?« Er antwortete: »Wollen Sie es wirklich wissen?« Darauf sagte ich: »Ja!« und meinte es im Ernst. Darauf sagte er mir: »Mein ganzer Körper ist voll Krebs.« Meine erste Reaktion war Angst und beinahe Zorn. Ich dachte, daß dieser Mann uns alle an der Nase herumgeführt hatte. Die Ärzte, die Krankenschwestern, die Fürsorgerin und seine Frau meinten, daß er die schlimme Nachricht nicht würde verkraften können, und doch wußte er schon die ganze Zeit Bescheid. Ich wußte nicht, wie ich ihm sagen sollte, daß er am nächsten Tag in ein Pflegeheim kommen sollte, und hatte Angst davor. In diesem Augenblick sah er zu mir auf, fast wie ein spitzbübischer Junge, und sagte: »Wissen Sie, Frau Dr. Ross, ich weiß nicht nur, daß mein Körper voll Krebs ist, ich weiß auch, daß ich in ein Pflegeheim gebracht werden soll.« Ich fragte ihn, wieso er dies alles wisse, und er sagte mit einem noch breiteren Lächeln: »Wenn Sie wie ich fünfundzwanzig Jahre mit meiner Frau verheiratet gewesen wären, würden Sie sie kennen.« Wir fragten Herrn H., auf welche Weise wir ihm helfen könnten, und er wurde unendlich traurig und sagte: »Sie können mir nicht helfen ... Niemand kann mir im Grunde helfen außer meine Frau, und sie will es nicht. Ich habe ihre Bedürfnisse nie erfüllt, und wenn ich ihr so zuhöre, dann könnte ich schon morgen sterben, und es gäbe nichts in meinem Leben, was einen Sinn, einen Wert und einen Zweck gehabt hätte. Es ist sehr traurig, so zu sterben.« Es lag auf der Hand, daß er es nötig hatte, von seiner Frau zu hören, daß es etwas in seinem Leben gab, was einen Zweck hatte, aber das wollte sie ihm nicht sagen. Ich sagte ihm, daß ich gerne mit seiner Frau sprechen würde, bevor er am nächsten Tag die Klinik verließ, aber er lachte mir ins Gesicht und sagte: »Sie kennen meine Frau nicht. Sie hat dreihundert Pfund Wut im Leib und würde nie herkommen und mit einem Psychiater reden!«

Ich versuchte es trotzdem. Nach diesem Gespräch, das den Patienten mit so vielem entließ, was noch nicht erledigt war, mußte ich versuchen, seiner Frau beizubringen, wie wichtig es für ihren Mann war, daß sie ihm sagte, daß etwas in seinem Leben positiv war. Ich rief sie an und bat sie, am nächsten Morgen zu mir zu kommen, bevor sie ihren Mann in das Pflegeheim brachte, damit ich eine halbe Stunde mit ihr sprechen könnte. Sie sagte zu, widerwillig und zornig, wie ihr Mann sie geschildert hatte. Sie saß mir dann am Schreibtisch gegenüber und wiederholte fast wörtlich, was Herr H. uns von ihrer Meinung über ihn mitgeteilt hatte. Sie sagte, daß ihr Mann schwach sei, daß er nie ihre Bedürfnisse befriedigt habe, daß er nie viel Geld heimbrachte und daß er, als sie ihm eines Tages einen Rasenmäher gab, in Ohnmacht fiel. Sie setzte ihre vernichtenden Äußerungen über ihren Mann fort, bis ich genug hatte und sie bat, damit aufzuhören. Ich wiederholte einige ihrer Äußerungen und sagte ihr, daß ich dies täte, um sicherzugehen, recht gehört zu haben. Ich fuhr fort: »Was Sie Ihrem Mann im Grunde vorwerfen, ist also, daß er schwach ist und daß er morgen sterben könnte und daß er keinem Menschen fehlen würde. Er war so schwach, daß er in Ohnmacht fiel, als sie ihm einmal einen Rasenmäher gaben.«

Mitten in meiner Wiederholung ihrer eigenen Aussagen stand sie plötzlich wütend auf und brüllte mich an: »Wie können Sie es wagen, mir so etwas über meinen Mann zu sagen!« Meine instinktive Reaktion wäre gewesen, in Deckung zu gehen, denn ich meinte, daß sie mir etwas an den Kopf werfen würde, da fügte sie im gleichen Atemzug und in demselben Satz hinzu: »Einen ehrlicheren und treueren Mann als ihn hat es nie gegeben!« Meine Reaktion wandelte sich augenblicklich in Bewunderung, daß sie imstande war, die beiden Dinge auszusprechen, die ihr Mann so dringend nötig hatte zu hören. Darauf sagte ich ihr, warum ich mich auf diese Weise verhalten hatte, und fragte sie, ob sie ihrem Mann jemals etwas so Freundliches gesagt habe. Sie erwiderte: »So etwas sagt man einem Mann doch nicht.« Das ist für mich so, wie wenn man einem Menschen nie sagt: »Ich liebe dich«, und dann am Ende seines Lebens ein kitschiges Loblied auf ihn singt. Ich versuchte, ihr klarzumachen, wie wichtig es war, daß sie ihrem Mann diese Gefühle mitteilte, aber ich war nicht sicher, daß sie dies erfaßte.

Ich bat sie um die Erlaubnis, mich von ihrem Mann verabschieden zu dürfen, als sie aufstand, um ihn ins Pflegeheim zu begleiten. Wir gingen zusammen in sein Zimmer, und in der Tür brach sie noch einmal in Wut aus und schrie ihn an: »Ich habe dieser Person gesagt, daß es einen ehrlicheren und treueren Mann als dich nie gegeben hat!« Das breite Lächeln auf seinem Gesicht gab mir zu verstehen, daß er wußte, daß nun geschehen war, was er so nötig gehabt hatte. Ich verabschiedete mich von ihm, und Frau H. brachte ihn ins Pflegeheim, wo er einige Wochen später in Frieden und mit seinem Schicksal ausgesöhnt starb.

Dies ist das Beispiel eines Mannes, von dem jeder meinte, daß er in der Phase des Leugnens sei. Wenn man es nicht genau weiß, ist es sehr wichtig, eine ehrliche, offene Frage zu stellen. Der Patient wird dann sagen, wieviel er weiß. Wenn Sie Patienten haben, die ihre Situation in dieser Weise anscheinend nicht wahrhaben wollen, braucht es einen Menschen, der mit dem Patienten offen und ehrlich ist, und dann wird der Patient zugeben, daß er es die ganze Zeit gewußt hat. In diesem Fall war unsere Rolle nur die eines Katalysators, und diese Funktion haben wir wahrscheinlich in neun von zehn Fällen. Sehr wenige Patienten brauchen fortgesetzte psychotherapeutische Gespräche. Meistens erfordert unsere Rolle nur wenig Zeit. Wir müssen die Bedürfnisse, die Hoffnungen und das Unerledigte im Leben des Patienten in Erfahrung bringen, und dann müssen wir sehen, wer diese letzten Bedürfnisse am besten befriedigen kann.

Wenn ein Patient einen Menschen hat, mit dem er offen reden kann, wird er das Stadium des Nichtwahrhabenwollens verlassen und ins nächste, das Stadium der Wut und des Zorns, übergehen können. Diese Stufe nennen wir die »Warum-ich?«-Stufe. Diese Patienten sind lästig, undankbar, sie kritisieren in einem fort und machen allen Menschen in ihrer Nähe das Leben schwer. Wenn ein Assistenzarzt in das Zimmer eines solchen Kranken kommt, wird er mit der Äußerung begrüßt: »Haben Sie die Vene eigentlich schon jemals auf Anhieb getroffen?« Wenn eine Krankenschwester mit einem schmerzstillenden Mittel hereinkommt, wird sie mit der bissigen Bemerkung empfangen: »Sie haben sich zehn Minuten verspätet. Ihnen ist es ja gleichgültig, ob ich leide. Sie haben wohl erst noch ihre Kaffeepause machen müssen.« Wenn Familienangehörige und Verwandte kommen, wird ihnen vorgehalten, daß sie entweder zu früh oder zu spät erschienen sind.

Wie reagieren wir instinktiv auf diese lästigen, nörgelnden Patienten? Wir machen sie entweder mit Freundlichkeit mundtot, und das ist die schlimmste Art von Feindseligkeit, oder wir beherrschen unseren Zorn, lassen ihn jedoch an den Schwesternschülerinnen aus. Wenn wir keine Schwesternschülerinnen haben, lassen wir ihn an unserem Ehepartner aus, wenn er abends heimkommt, und wenn wir nicht verheiratet sind, schlagen wir den Hund. Irgend jemand muß es ausbaden, und das ist in meinen Augen etwas ganz Verkehrtes, weil wir unseren Schülerinnen und Studenten beibringen sollten, daß dieser Zorn ein Segen ist und kein Fluch. Wiederum müssen wir versuchen, kein Urteil über diese Patienten zu fällen, sondern zu verstehen, was hinter ihrem Zorn eigentlich steht. Oft sind es gar nicht wir, auf den der Patient einen Zorn hat, sondern das, was wir repräsentieren. Wenn wir wie ein Bild des Lebens, der Gesundheit, Vitalität, Energie und Tüchtigkeit eintreten, dann stoßen wir die Patienten mit der Nase auf das, was sie im Begriff sind zu verlieren. Was der Kranke im Grunde ausdrücken will, ist dies: »Warum muß mir das zustoßen? Warum kann es nicht dir oder Ihnen geschehen?« Je vitaler und energiegeladener wir hereinkommen, desto wahrscheinlicher ist es, daß wir die Wut, den Neid und den Zorn des Patienten erregen. Ich will kurz ein klinisches Beispiel von Zorn geben.

Wir hatten einen einundzwanzigjährigen jungen Mann mit einem Lymphsarkom, der bei uns eingeliefert wurde und sechs Wochen lang auf der Isolierstation lag. Er wurde vom Klinikpersonal, dem er sehr unangenehm war, völlig isoliert. Jeder, der in sein Zimmer kam, erhielt einen bösen Blick, und dann kehrte der Patient ihnen den Rücken zu und starrte die Wand an. Das Personal ging ihm aus dem Weg. Er war das Bild von Einsamkeit und Isolierung.

Als ich um eine Konsultation gebeten wurde, versuchte ich zuerst, mich verbal mit ihm zu verständigen, aber er behandelte mich genauso. Ich versuchte alles nur Mögliche, um ihn zu erreichen, doch schließlich gab ich auf und ging zur Tür. In dem Augenblick, als ich die Türklinke in der Hand hatte, begriff ich, daß ich genau das tat, wovor ich meine Studenten warnte – ich ließ ihn im Stich. So ging ich wieder an sein Bett, und weil er sich nicht verbal mit mir verständigen wollte, war ich gezwungen, die Wand anzuschauen, die dieser junge Mann sechs Wochen lang angestarrt hatte. Plötzlich überkam mich eine instinktive Reaktion von Wut und Zorn. Ich sah ihn an und sagte: »Bob, macht Sie das nicht verrückt? Da liegen Sie schon seit sechs Wochen und starren diese Wand an mit diesen rosa, grünen und blauen Karten mit Genesungswünschen?« Er drehte sich unvermittelt um und ließ seiner Wut und seinem Zorn freien Lauf und seinem Neid auf alle Leute, die draußen sein und den Sonnenschein genießen konnten, die einkauften und eine kitschige Karte mit Wünschen »zur baldigen Genesung« für ihn aussuchten, obwohl sie genau wußten, daß er nicht mehr gesund werden würde. Und dann sprach er von seiner Mutter, die »nachts hier auf der Couch schläft. Große Sache! Auch schon ein Opfer! Jeden Morgen, wenn sie weggeht, sagt sie dasselbe: Ich muß jetzt nach Hause und mich duschen!« Dann fuhr er fort und sagte, mit einem Blick voll Haß auf mich: »Auch Sie taugen nichts, Frau Dr. Ross! Auch Sie werden weggehen und mich im Stich lassen.«

Versteht man, warum diese Patienten so zornig sind? Sie haben eine Wut auf das, was wir repräsentieren. Wir können einkaufen gehen, eine Dusche nehmen, wir können spazierengehen und Kaffee trinken. Wir stoßen die Patienten auf das, was sie im Begriff sind zu verlieren. Wenn wir ihnen helfen können, ihren Zorn und ihre Wut herauszulassen, ohne sie deswegen zu verurteilen – manchmal kann man ihnen in fünf Minuten helfen –, werden sie nicht mehr unentwegt nach der Schwester klingeln, und sehr oft werden sie nur noch die Hälfte der schmerzstillenden Mittel brauchen. Wir können den Patienten wirklich dabei helfen, die Frage »Warum gerade ich?« zu stellen, ohne sie beantworten zu müssen.

Auch Familien und das Krankenhauspersonal machen das Stadium des Zorns durch. Ich besuchte eine Mutter, die vor dem Zimmer ihres sterbenden Kindes stand. Sie sah aus wie ein Dampfkochtopf, der jeden Moment explodieren konnte. Ich fragte sie: »Möchten Sie jetzt am liebsten schreien?« Sie drehte sich um und antwortete: »Haben Sie in diesem Krankenhaus ein Schreizimmer?« Ich sagte: »Nein, wir haben eine Kapelle.« Das öffnete die Schleusen ihrer ohnmächtigen Wut. »Wer braucht eine Kapelle? Ich möchte schreien und Gott anbrüllen: ›Warum läßt du meinem Kind so etwas geschehen?‹« Ich führte sie in mein Sprechzimmer und ermutigte sie zu schreien. Viele wollen sich einfach nur an unserer Schulter ausweinen: »Warum trifft es mich? Warum geschieht es meinem Kind?« Angehende Seelsorger sollten außerdem den Familien erlauben, ihren Zorn auf Gott zum Ausdruck zu bringen. Viele Geistliche verhalten sich sehr gut, solange der Patient seinen Zorn auf die Krankenhausverwaltung, auf die Schwestern und Pfleger abläbt. Doch sobald er seinen Zorn auf Gott ausdrückt, müssen sie eingreifen. Ich meine, es ist sehr wichtig, daß die Kranken ihren Zorn auf Gott ausdrücken dürfen, und ich sage den Studenten immer: »Glauben Sie wirklich, daß Sie Gott verteidigen müssen? Das kann Gott schon aushalten. Er steht darüber.«

Bisher sind wir auf das »Nein-nicht-ich«-Stadium eingegangen, das Stadium des Nichtwahrhabenwollens, und die »Warum-ich?«-Stufe, die Stufe des Zorns. Die »Warum-ich?«-Stufe kann auch »Warum jetzt?« heißen. Wenn man manchmal alte Männer sieht, die ihr ganzes Leben gearbeitet, sich nie einen Urlaub gegönnt und ihr ganzes Geld gespart haben, um ihren Kindern eine Ausbildung zu ermöglichen, die endlich anfangen, an ihre Pensionierung zu denken, und zwei Monate, bevor sie in den Ruhestand gehen, feststellen, daß ihre Ehefrauen hoffnungslos an Krebs erkrankt sind – so sagen auch diese Leute: »Warum gerade ich? Warum jetzt? Habe ich nicht wenigstens ein Jahr im Ruhestand mit meiner Frau verdient? War ich nicht ein guter Christ? War ich nicht ein guter Vater, habe ich nicht für meine Familie gesorgt?« Diese Menschen brauchen jemanden, an dessen Schulter sie sich ausweinen und zu dem sie sagen können: »Warum gerade jetzt? Warum ausgerechnet ich?« Wenn wir ihnen helfen können, ihren Gefühlen des Schmerzes, des Kummers, der Wut und des Zorns Ausdruck zu geben, ohne ein Urteil über sie zu fällen, dann werden sie sehr schnell in ein merkwürdiges Stadium des Verhandelns gelangen. Auf dieser Stufe sagen sie nicht mehr: »Nein, nicht ich!« Sie hören auf zu fragen: »Warum gerade ich?« Sie sagen jetzt: »Ja, es trifft mich, aber . . .« Dieses »aber« schließt meistens eine Bitte an Gott ein: »Wenn du mich noch ein Jahr leben läßt, werde ich ein guter Christ sein, oder dann werde ich jeden Tag in die Synagoge gehen, oder ich werde meine Augen oder meine Nieren spenden.« Gewöhnlich geben die Patienten irgendein Versprechen, meistens im Austausch für die Verlängerung ihres Lebens. Es sieht aus, als hätten sie Frieden gemacht, aber es ist kein Frieden; es ist ein Waffenstillstand, in dem der Patient den Eindruck erweckt, als sei ihm ganz wohl zumute, in dem er gewöhnlich verhältnismäßig wenig Schmerzmittel braucht, nicht unentwegt nach den Schwestern klingelt – und oft geben wir uns der Illusion hin, daß wir es geschafft haben. Dies ist jedoch nur ein vorübergehender Waffenstillstand, währenddessen der Kranke verhältnismäßig friedlich ist. Er meint, daß er jetzt bereit sei, der Wirklichkeit ins Auge zu sehen, aber er hofft und bittet um einen kleinen Aufschub, meistens um unerledigte Dinge zu erledigen. Während dieser Zeit ordnen die Patienten ihre Angelegenheiten, machen ihr Testament und kümmern sich darum, wer das Geschäft oder die Kinder übernimmt. Meistens ist es ein Verhandeln mit Gott. Am meisten bekommen die Geistlichen davon zu hören. Wenn man auf dieses Verhandeln nicht besonders achtet, wird man es nicht bemerken.

Ich möchte kurz ein Beispiel solchen Verhandelns – nicht mit Gott, sondern mit dem Arzt – geben. Wir hatten einmal eine eher schwierige Patientin, der fast alle aus dem Weg gingen. Eines Tages war sie freundlich und bat mich, ob ich ihr einen einzigen Tag ermöglichen könne, an dem sie nicht rund um die Uhr von schmerzstillenden Injektionen abhängig wäre – danach wollte sie eine brave Patientin sein. Dies ist eine sehr ungewöhnliche Bitte, denn die meisten Patienten wollen viel mehr als nur einen einzigen Tag. Ich fragte sie, warum sie nur um einen Tag gebeten habe. Sie sagte, daß sie so gerne einen Tag außerhalb der Klinik verbringen wolle. Sie träumte davon, sich noch einmal elegant anzuziehen und auszusehen und sich zu fühlen, als sei sie »eine Million wert«. Sie wollte bei der Hochzeit ihres Lieblingssohnes anwesend sein. Wenn sie das dürfte, dann wollte sie am selben Abend ins Krankenhaus zurückkehren und alles akzeptieren, was auf sie zukäme. Wir setzten außergewöhnliche Mittel ein, um dieses Ziel zu erreichen, und die Frau war tatsächlich in der Lage, das Krankenhaus zu verlassen: für einen Tag! Am Abend wartete ich auf sie, weil ich gerne wissen wollte, was sie empfand, nachdem sie sich nur einen Tag ausgebeten hatte. Sie sah mich in der Halle und begrüßte mich mit den Worten: »Vergessen Sie nicht, Frau Dr. Ross, daß ich noch einen zweiten Sohn habe.«

Diese Art zu verhandeln ist am typischsten. Die Patienten halten kaum je die Versprechen, die sie geben. Am schwierigsten sind die Mütter, was das Verhandeln betrifft; sie halten sich kaum an ihre Versprechungen. Sie bitten Gott, ihr Leben zu erhalten, bis die Kinder die Schule verlassen haben. Sobald die Kinder aus der Schule sind, beten sie darum, am Leben bleiben zu dürfen, bis die Kinder verheiratet sind, bis zu ihrem Hochzeitstag, und dann, bis sie Enkelkinder haben.

Fast alle verhandeln auf diese Weise mit Gott, auch wenn sie ihn früher nicht anerkannt haben. Ich möchte einige Zeilen aus dem Brief einer jungen Frau zitieren, die ihrem Tod entgegensah. Sie bemerkte zu ihrem Verhandeln mit Gott:

»Auch meine Gedanken ängstigten mich, sie waren durchaus nicht nur liebevoll, da Einsamkeit und das Alleinsein mit dem Tod große Bitterkeit und Ablehnung in mir erzeugten. Nachdem ich also mit Gott argumentiert hatte, schloß ich einen Waffenstillstand mit ihm. Wenn er mir erlauben würde, die gegenwärtige Wahrscheinlichkeit des Todes anzunehmen, dann würde ich aufhören, Widerstand zu leisten und mit ihm zu hadern, daß er mich ›wegholte‹.«

Ein weiteres Beispiel des Verhandelns, in dem die Symbolsprache des Kranken ebenfalls deutlich wird, will ich noch erzählen: Ein fünfundzwanzigjähriger Mann in unserer Klinik hatte akute Leukämie und starb zwei Wochen nach seiner Einlieferung. Er hatte drei kleine Kinder, alle unter drei Jahren, eine Frau, die keinen Beruf und keinen finanziellen Rückhalt hatte, und es schien für ihn entsetzlich schwer zu sein, seinem bevorstehenden Tod ins Auge zu sehen. Ich besuchte ihn mehrere Male und fragte ihn, ob er darüber reden wolle. Jedesmal antwortete er mir: »Nicht jetzt, heute nicht, vielleicht morgen.« Der Grund, warum er nicht reden konnte, war, daß seine Lippen und seine Zunge wund waren. Schließlich dachte ich, daß es mein eigenes Problem war, weil ich selbst kleine Kinder hatte, und daß es vielleicht mein Bedürfnis war, darüber zu reden. So ging ich in sein Zimmer zurück und sagte zu ihm: »Larry, wenn Sie lieber nicht darüber reden wollen, ist es auch recht.« Er antwortete: »Nein, nein, darum geht es nicht. Sie verstehen mich nicht. In diesem Krankenhaus wecken sie einen sehr früh auf und messen den Blutdruck. Dann döst man wieder ein. Dann wecken sie einen wieder auf und bringen das Tablett mit dem Essen, und so geht es den ganzen Tag lang. Es ist sehr schwer, ein privates Gespräch zu führen, wenn man dauernd gestört wird.« Ich fragte ihn, wie ich ihm helfen könnte, und er bat mich, sehr zeitig am nächsten Morgen zu kommen, bevor die Schwestern die Runde machten und irgend jemand anderer in sein Zimmer kommen konnte. Dann würde er wahrscheinlich reden können.

Am nächsten Morgen kam ich sehr früh ins Krankenhaus. Es ist eine Gewohnheit von mir, kurz auf die Schwesternstation zu gehen, wo eine Schwester mir sagte, daß es keinen Sinn hätte, ihn zu besuchen, weil er im Sterben läge. In der Nacht hatte er offenbar einen großen physischen Kampf ausgefochten. Man mußte ihn beruhigen. Der Priester wurde gerufen, der Arzt wurde gerufen, die Familie war bei ihm, und die Schwester meinte, er könne jetzt wohl nicht mehr über irgend etwas sprechen.

Ich muß zwiespältige Gefühle gegen den Besuch bei ihm gehabt haben, weil ich auf die Schwester hörte. Wenn ich auf diese Episode vor einem Jahrzehnt zurückblicke, muß ich zugeben, daß ich nie einen einzigen Patienten hatte, der Zeit und Ort bestimmte und sogar die Person auswählte, mit der er über Unerledigtes reden wollte, und dann vorzeitig starb. Ich nahm mir Zeit, und ungefähr eine halbe Stunde später ging ich in sein Zimmer, nur weil ich versprochen hatte, daß ich zurückkommen würde. Ich erwartete, daß er im Koma lag. Als ich die Tür öffnete, saß er lebendiger und wacher in seinem Bett, als ich ihn je gesehen hatte, sah mich an und fragte: »Warum haben Sie so lang gebraucht?« Ich getraute mich nicht, es ihm zu sagen!

Ich schloß die Tür eilig hinter mir, und er forderte mich auf, Platz zu nehmen, schnell, damit er mir mitteilen könne, was er einem Menschen anvertrauen wollte, bevor er wieder unterbrochen wurde. Ich setzte mich und fragte ihn: »Was ist in der Nacht mit Ihnen geschehen?« Er antwortete: »Sie werden es mir nicht glauben, was in der letzten Nacht geschehen ist. Ich habe einen großen körperlichen Kampf durchgemacht. Ein großer Zug fuhr mit hoher Geschwindigkeit einen Hügel hinunter, und ich hatte mit dem Zugführer einen großen Kampf und einen Streit. Ich verlangte, daß er den Zug ein paar Millimeter vorher anhielt! Verstehen Sie, wovon ich rede?«

Dies ist ein typisches Beispiel für das Verhandeln mit Gott in einer symbolischen Sprache. Ich sagte ihm, daß der Zug, der so rapide den Hügel hinunter und auf das Ende zufuhr, vermutlich sein Leben bedeutete und daß er mit Gott gerungen hatte, um ihn um einen winzigen Aufschub zu bitten. Er lächelte und wollte eben fortfahren, als seine Mutter das Zimmer betrat.

Dies ist ein Problem, das viele von uns betrifft: Wenn wir mitten im Gespräch mit unseren Patienten sind, werden wir von Familienmitgliedern unterbrochen, die natürlich ein Recht darauf haben, bei ihren sterbenden Verwandten zu sein. Um den Dialog fortzusetzen und das Unerledigte mit Larry zu erledigen, gebrauchte ich seine eigene Sprache und fragte ihn vor seiner Mutter: »Larry, wie kann ich Ihnen mit den paar Millimetern helfen?« Er lächelte und sagte: »Ich hoffe, daß Sie mir helfen können, meine Mutter zu überreden, daß sie noch einmal nach Hause geht und einen Laib Brot bäckt und die Gemüsesuppe macht, die ich immer so gern gegessen habe.« Die Antwort der Mutter war typisch: »Wie kann ich meinen Sohn nach einer solchen Nacht alleine lassen?« Und der Patient und ich sagten wie aus einem Munde: »Wenn er meint, daß er darauf warten kann, dann wird er auch warten.« Es braucht nicht erst gesagt zu werden, daß die Mutter wirklich nach Hause ging, einen Laib Brot backte und es mit seiner geliebten Gemüsesuppe ins Krankenhaus brachte. Er konnte ein kleines Stück von dem Brot und einen kleinen Löffel Suppe essen – es war das letzte Mal, daß er Nahrung oral zu sich nehmen konnte. Er verfiel dann in ein Koma, und drei Tage später starb er sehr friedlich.

Larry ist ein gutes Beispiel eines jungen Mannes, der

nur sehr wenig Zeit hatte, sich mit seinem Tod abzufinden. Ich glaube, er starb in ähnlicher Weise, wie er gelebt hatte. Er war ein großer, starker, männlicher Mann, der den Tod nicht wahrhaben wollte, solange es irgend ging. Und dann machte er in einer Nacht, während dreieinhalb Stunden, die Stadien von Wut und Zorn, Verhandeln mit Gott und schließlichem Annehmen durch. Ich bringe diese Beispiele, um zu zeigen, wie wenig Zeit es erfordert, um diesen Patienten zu helfen, sich mit dem Tod auseinanderzusetzen, wenn man zu dem Zeitpunkt zur Verfügung steht, an dem der Patient bereit ist, davon zu reden, und wenn man nicht von ihm erwartet, daß er seine Bedürfnisse dann mitteilt, wenn es einem selbst gerade paßt.

Wenn ein Patient mit dem Verhandeln zu Ende ist, sagt er nicht mehr »aber«, sondern »ja, ich«. Das ist das Stadium der Depression. Die Kranken werden dann oft sehr traurig und machen zwei Arten von Depressionen durch. Zuerst erleben sie eine Art reaktiver Depression, in welcher sie über vergangene Verluste trauern. Sie sprechen darüber, was es bedeutet, eine Brust oder ein Bein zu verlieren, oder über ihre Probleme mit einem künstlichen Darmausgang. Sie werden Ihnen mitteilen, wie schwer es ist, nicht zu Hause bei den Kindern zu sein, oder wie schwer es für einen Mann ist, seinen Beruf aufzugeben. Während dieser Zeit der Depression machen wir unsere Sache gut, weil wir ja alle Verluste erlitten haben und uns in die Patienten einfühlen können.

Doch dann machen unsere Patienten eine andere Depression durch, mit der nicht nur die Familie, sondern auch das Krankenhauspersonal sehr schwer zurechtkommt. Es handelt sich um den stummen Schmerz oder Vorbereitungsschmerz. Während dieser Zeit trauern sie nicht um vergangene, sondern um zukünftige Verluste. Sie beginnen, um ihren eigenen Tod zu trauern, und werden sich der Tatsache bewußt, daß sie nicht nur einen geliebten Menschen, sondern alle Menschen und alle Dinge verlieren, die ihrem Leben einen Sinn gaben. Während des stummen Vorbereitungsschmerzes sprechen sie nicht mehr viel; sie können ihren Kummer und ihre Trauer nicht in Worte fassen. Gewöhnlich bitten sie darum, daß ihre Verwandten und Bekannten noch einmal kommen, und dann nicht mehr. Dann wollen sie ihre Kinder noch einmal sehen, und ganz am Schluß wollen sie meistens einen oder zwei geliebte Menschen um sich haben, die still bei ihnen sitzen. Ein Händehalten oder eine Berührung ist wichtiger als Worte.

In diesem Vorbereitungsschmerz haben Männer es viel schwerer als Frauen, weil es in unserer Gesellschaft für unmännlich gilt zu weinen. Wenn einer von unseren Patienten still in seinen Kissen liegt, und Tränen rollen ihm über die Wangen, dann ist uns das sehr peinlich. Wir rücken dann Blumenvasen zurecht, wir kontrollieren Infusionen und Transfusionen, die perfekt funktionieren. Und wenn der Patient immer noch nicht spricht oder sich nicht bewegt, kommen wir oft ins Zimmer und sagen: »Kopf hoch, es ist doch nicht so schlimm!«

Nicht so schlimm für wen? Das ist nämlich die Frage. Wenn ich meinen Mann verlöre, würde jeder mir erlauben, um diesen Verlust ein ganzes Jahr lang zu trauern. Wenn ein Mensch den Mut hat, seinem Tod ins Auge zu blicken, dann erfährt er damit den Verlust von allem und jedem, was in seinem Leben Bedeutung hatte – und das ist tausendmal schlimmer. Ich meine, wir müssen diesen Menschen erlauben, zu trauern und zu weinen, und dürfen ihnen ihre Tränen nicht verwehren, sondern sollten das Gegenteil davon tun. Wir gehen in das Zimmer unseres Patienten und sagen: »Es braucht einen ganzen Mann, um weinen zu können.« Wir erlauben ihnen zu weinen und ermutigen sie dazu. Diese Patienten brauchen nicht das Gefühl zu haben, daß sie unmännlich sind; sie brauchen ihre Tränen nicht zu verstecken.

Dann sind sie in der Lage, viel schneller durch den Vorbereitungsschmerz hindurchzugehen, und können die letzte Stufe, die Stufe des Annehmens, erreichen.

Während des Vorbereitungsschmerzes macht ein Patient uns am wenigsten Mühe, obwohl die Familien dann oft in Panik geraten. Sie bitten den Arzt, das Unmögliche zu versuchen und mit irgendwelchen Zusatzbehandlungen das Leben des Patienten zu verlängern. Ich will Ihnen ein Beispiel dafür geben, was geschieht, wenn ein Mann sich zur Stufe des Annehmens durchgerungen hat, während seine Frau sich noch an sein Leben klammert und ihm zu verstehen gibt: »Stirb mir nicht weg!« Das gibt dem sterbenden Patienten ein Schuldgefühl, und dann ist es sehr schwer, die friedliche Stufe des Annehmens zu erreichen. Dies ist außerdem ein Beispiel dafür, worin unerledigte Dinge bestehen können.

Wir hatten einen Mann in den Fünfzigern, einen Zahnarzt, der im Sterben lag. Von einem anderen sterbenden Patienten hörte er von unserer Arbeit und bat um eine Konsultation. Ich ging zu ihm, und er vertraute mir an, daß es noch unerledigte Dinge in seinem Leben gab, über die er mit mir sprechen wollte. Er war ein kleiner, eher magerer, unscheinbarer Mann, und er erzählte mir, daß er mehrere außereheliche Beziehungen hatte, die er abbrechen wollte. (Meine instinktive Reaktion war: »Was, Sie«, denn er sah mir gar nicht wie ein Don Juan aus!) Dann tat er das, was ich meinen Studenten immer rate: Er versuchte zu erklären, warum er sich so verhalten hatte, und das bedeutet, daß er zu verstehen suchte, warum er diese außerehelichen Beziehungen haben mußte, anstatt diese zu verurteilen. Er teilte mir mit, daß er von Anfang an ein schmächtiger kleiner Junge gewesen war, daß seine Familie dem Heranwachsenden nie das Gefühl gegeben hatte, er sei ein Mann, und daß es sein größtes Bedürfnis im Leben war, seine Männlichkeit zu beweisen. Eine Frau brauchte ihn nur anzulächeln, dann lud er sie schon zum Kaffee ein, und der Kaffee führte zu einem Cocktail und der Cocktail ins Schlafzimmer.

Ich hörte diesem Bekenntnis zu und fragte ihn dann, warum er es mir gegenüber abgelegt habe. Er sagte, er wollte diese Beziehungen abbrechen und diesen Frauen erklären, warum er sich darauf eingelassen habe. In diesem Augenblick beging ich einen großen Fehler, indem ich ihm meine Hilfe anbot. Ich sagte zu ihm: »Wenn Sie wollen, daß ich mit diesen Frauen rede, bin ich gerne dazu bereit.« Er sah mich ungeheuer enttäuscht an und erwiderte: »Frau Dr. Ross, ich dachte, Sie hätten mir zu verstehen gegeben, daß ich genug Männlichkeit besitze.«

Deshalb sage ich, daß Sterbende wunderbare Lehrer sind. Wenn wir einen Fehler machen, und wir werden in dieser Art von psychologischer Beratung viele Fehler machen, wird der Patient uns meistens sofort zurechtweisen. Wenn wir diese Zurechtweisungen als Lektionen annehmen und aus unseren Fehlern lernen können, dann werden wir mit jedem Patienten, den wir betreuen, etwas über uns selbst und andere erfahren.

Ich sagte ihm, daß dies eines meiner Probleme sei, daß wir manchmal zuviel des Guten tun, daß er bestimmt Manns genug sei, seine unerledigten Dinge selbst in die Hand zu nehmen, und wünschte ihm Glück. Er war in der Lage, diese Beziehungen selbst zu beenden, und dann rief er mich wieder und sagte, daß ihm jetzt das Schwierigste bevorstünde, nämlich, sein Verhalten seiner Frau zu erklären. Bevor ich etwas sagen konnte, legte er seinen Finger an die Lippen und sagte: »Pst, sagen Sie es nicht.« Damit meinte er: »Sagen Sie jetzt nicht: ›Wenn Sie wollen, daß ich mit Ihrer Frau rede, will ich es gerne tun.‹« Ich sagte ihm, daß ich mir Mühe gebe, nicht den gleichen Fehler bei demselben Patienten zweimal zu machen, und darüber konnten wir herzlich lachen. Ich sagte ihm, daß ich ihm zur Verfügung stände, wenn er mich noch einmal sprechen wolle. Er erklärte seiner Frau, warum er die anderen Beziehungen eingegangen war, und ihre Reaktion darauf war: »Wenn du eine Scheidung willst, kannst du sie haben.« Ich fragte Herrn P., wie er das verkraftet hatte, und ich glaube, daß er die Situation sehr richtig einschätzte. Er meinte nämlich: »Ich meine, daß wir einfach zu viel von ihr erwartet haben. Das überfordert ihr Verständnis.« Er brach seine Beziehungen ab, er erklärte seiner Frau, warum es dazu gekommen war, und jetzt war er ein stolzer Mann. Ich glaube, daß er sich zum ersten Male in seinem Leben wirklich als Mann fühlte.

Er lag mit geschlossenen Augen in seinem Bett, dem Tod sehr nahe, in einem Stadium des Friedens und des Annehmens – er war ein stolzer Mann –, als seine Frau in mein Sprechzimmer stürzte, ohne an die Tür zu klopfen, und mich anschrie: »Er redet nicht mehr!« Ich versuchte, ihr zu erklären, daß ihr Mann alles gesagt hatte, was gesagt werden mußte. Sie wurde sehr zornig und erwiderte: »Das weiß ich alles, aber Sie verstehen nicht. Ich habe alle diese Verwandten von weit her gebracht, und er könnte sie wenigstens begrüßen.« Diese Frau war offensichtlich nicht imstande zu hören. Ich dachte, vielleicht kann sie sehen; wenn sie das friedliche Gesicht ihres Mannes so nahe dem Tod sieht, wird sie vielleicht verstehen, daß es zu spät für Geselligkeit ist. Ich ging mit ihr in das Zimmer ihres Mannes. Meine erste Regung war, alle Leute hinauszukomplimentieren. Aber bevor ich etwas sagen oder tun konnte, ging sie schnurstracks zu ihrem Mann, kniff ihn in die Wange und sagte: »Nun sei ein bißchen gesellig!«

Hier haben wir sowohl eine symbolische, nichtverbale Geste, das Kneifen seiner Wange, als auch die verzweifelte Aufforderung: »Sei gesellig!« Instinktiv würden Sie vermutlich negativ gegenüber der Frau reagieren, doch wenn Sie Ihrer negativen Reaktion bewußt werden, müssen Sie sich immer fragen: »Was lehrt mich diese Frau?« Mit ihrer verzweifelten Geste bittet sie ihren Mann: »Bitte stirb mir nicht weg. Du bist immer der Gastgeber gewesen. Du hast dich immer um die Gäste gekümmert. Ich habe noch gar nicht angefangen, mir darüber klarzuwerden, daß ich bald alles selbst in die Hand nehmen muß.«

In diesem Fall haben wir mit dem Patienten unsere Sache gut gemacht, mit Frau P. jedoch nicht. Wenn Sie Sterbenden wirklich helfen wollen, können Sie die Familie nicht ausschließen. Wir folgen immer der goldenen Regel, daß wir denjenigen Beistand leisten, die den genannten Stadien hinterherhinken. Wenn die Familie ihre unerledigten Dinge bereinigen kann, bevor der Patient stirbt, dann braucht nach dem Tod keine Trauerarbeit geleistet zu werden, außer dem natürlichen Schmerz, der immer da ist.

Das letzte Stadium, das Stadium des Annehmens, ist vielleicht am schwersten zu beschreiben. Der Patient in diesem Stadium will keine Besuche mehr. Er will nicht mehr sprechen, er hat für gewöhnlich alles bereinigt, und seine Hoffnungen richten sich nicht mehr auf Heilung, Behandlung und Verlängerung des Lebens. Er hat ein Gefühl des inneren und äußeren Friedens. Die beste Beschreibung dieses Stadiums des Annehmens stammt von einer Patientin:

»Ich habe einen wunderbaren Mann, mit dem ich offen reden kann, und zwei Schwestern, doch, von ihnen abgesehen, ist das Thema meiner Krankheit ein Tabu. Die Leute weichen aus, wenn sie nur erwähnt wird. Wir hatten herrliche Weihnachten, und ich bin sehr dankbar, daß ich mich fast zwei Jahre nach der Diagnose noch so gut fühle. Das Schlimmste ist, daß ich so schwach bin und so schnell müde werde, wenn ich versuche, mit fünf lebhaften Jungen im Alter von zweieinhalb bis acht Jahren Schritt zu hal-

ten ... Aber dafür nimmt man es etwas weniger genau, wenn in den Ecken Staub liegt, und ich genieße die Jungen, wie sie eben jetzt sind, und mache mir keine Sorgen um ihre Zukunft – der Herr wird Rat wissen. Es gibt so vieles, was ich ihnen sagen möchte, deshalb bringe ich viele meiner Gedanken zu Papier, und ihr Vater kann sie ihnen vorlesen, wenn sie groß genug sind, um die Gedanken, die ich ihnen mitgeben möchte, verstehen zu können. Wir leben in einer so schnellebigen Zeit, daß nur sehr wenige Menschen ihr tägliches Leben wirklich und echt genießen können. Immer planen sie für morgen und für das nächste Jahr. Mein Mann und ich haben so viel durchgemacht, aber wir haben unser Leben voll gelebt und mehr Freude gehabt als manche Menschen in einem ganzen Leben. Eine Nachbarin kam während unseres Weihnachtsfests zu mir, sah mir gerade in die Augen und fragte: › Wie können Sie nur so glücklich sein?‹ Ich sagte ihr, daß ich eben glücklich bin und daß es keinen Sinn hat, traurig zu sein und alle anderen traurig zu machen. Trotzdem kommen oft Gefühle von Depression – oft dann, wenn wir über die Zukunft sprechen –, aber dann denke ich einfach an etwas anderes oder nähe etwas für die Kinder. Niemand außer Gott weiß, was geschehen wird ... also freue ich mich jetzt in diesem Augenblick!«

Wenn ein Patient das Stadiums des Annehmens erreicht hat, bedeutet das nicht unbedingt, daß er dem Tode nahe ist. Wir könnten dies unseren Kindern schon beibringen, bevor sie in die Schule kommen. Die Stufe des Annehmens bedeutet einfach, daß die Menschen sich damit abgefunden haben, daß sie endlich sind, daß sie dann ein Leben von neuer Qualität leben mit anderen Werten, daß sie lernen, das Heute zu genießen und sich nicht zu große Sorgen um das Morgen zu machen, und daß sie die Hoffnung haben, daß ihnen noch viel, viel Zeit bleibt, um diese Art des Lebens zu genießen.

Ich möchte noch ein Wort über den Unterschied zwischen Annehmen und Resignation sagen. Annehmen ist das Gefühl, einen Sieg errungen zu haben, ein Gefühl des Friedens, der Heiterkeit, ein positives Sich-Abfinden mit Dingen, die wir nicht ändern können. Resignation dagegen ist eher ein Gefühl der Niederlage, der Bitterkeit, als würde man sagen: »Wozu das alles? Ich habe es satt zu kämpfen.« Ich schätze, daß ungefähr achtzig Prozent der Patienten in unseren Pflegeheimen sich im Stadium der Resignation befinden.

Ich werde ein klinisches Beispiel dafür geben, wie man den Unterschied dieser Stadien diagnostiziert. Vor einigen Jahren besuchte ich einen dreiundachtzigjährigen Mann, einen alten Weisen, den ich mehr aus Freundschaft als aus irgendeinem anderen Grund aufsuchte. Als ich zu ihm kam, sagte er: »Frau Dr. Ross, Sie können nur das eine für mich tun, daß Sie zum Herrn beten, daß er mich bald zu sich nimmt.« Ich hörte ihm nicht wirklich zu. Ich nahm an, daß er als Dreiundachtzigjähriger nun das Stadium des Annehmens erreicht hatte und daß es ihm mit seinen Worten ernst war. Ich blieb einige Minuten bei ihm und ging dann nach Hause. Etwa einen Monat später wurde ich in die Schweiz gerufen, weil meine Mutter im Sterben lag. Der einzige Patient, den zu besuchen ich ein Bedürfnis hatte, war dieser weise, alte Mann, bei dem ich offensichtlich Kraft schöpfen wollte in der Hoffnung, daß meine Mutter sich auf derselben Stufe des Annehmens befände wie mein alter Freund. Doch zu meinem Kummer war er nicht mehr der ruhige Mann in dem friedlichen Stadium des Annehmens, den ich sehen wollte. Er begrüßte mich in der Halle und fragte mich mit großer Eindringlichkeit: »Frau Dr. Ross, haben Sie gebetet?« Ich verneinte und hatte den Satz noch nicht zu Ende gesprochen, als er mich mit den Worten unterbrach: »Gott sei Dank! Erinnern Sie sich an die dreiundsiebzigjährige Dame auf der anderen Seite der Halle?« Er hatte sich in sie verliebt und wollte wieder leben! Er fürchtete, daß ich zu früh beten und daß Gott mein Gebet erhören würde. Dies ist ein gutes Beispiel dafür, wie schlecht ich zugehört hatte. Hätte ich ihm wirklich zugehört, als er sagte: »Beten Sie zum Herrn, daß er mich bald zu sich nimmt«, hätte ich mich hinsetzen und ihn fragen sollen: »Warum haben Sie es so eilig?«, und dann hätte er mir vermutlich geantwortet: »Wieso eilig? Ich bin dreiundachtzig Jahre alt, ich sitze hier und schaue in den Fernseher, vielleicht mache ich ein bißchen Beschäftigungstherapie, aber niemandem bedeutet es im Grunde etwas, ob ich lebe oder sterbe. Da kann ich genausogut sterben.« Das ist Resignation, nicht Annehmen, und das heißt, daß wir solchen Menschen helfen müssen, in ihrem Leben einen Sinn zu finden, auch wenn es noch so eingeschränkt ist. Fernsehapparate und ausgeklügelte Projekte in Beschäftigungstherapie ersetzen nicht menschliche Bedürfnisse und menschliche Pflege. Eine dreiundsiebzigjährige Dame gab ihm das Gefühl, daß ein Mensch ihn brauchte, ihn haben wollte und liebte, und aus diesem Grunde wollte er wieder leben – und wie!

In unserer Gesellschaft gibt es viele Kinder, die dieselben Bedürfnisse haben, und ich spreche nicht nur von zurückgebliebenen Kindern, von chronisch kranken oder sterbenden Kindern, sondern auch von den vielen Kindern, die in Tagesstätten und Waisenhäusern leben. Es ist meine große Hoffnung, daß die Verwalter von Altersheimen diese Bedürfnisse berücksichtigen und Altersheime mit angeschlossenen Kindertagesstätten bauen. Diese Kinder würden dann von den alten, einsamen Menschen geliebt werden, sie würden sich um sie kümmern, und das würde den alten Menschen einen neuen Lebenszweck in ihrem Alter geben. Anstatt in die Fernsehröhre zu schauen, würden sie mit kleinen Kindern beschäftigt sein und von ihnen geliebt werden. Ich glaube, daß viele dieser Alten dann in einem Stadium des Annehmens anstelle von Resignation sterben würden.

Sterbende Kinder

Während der letzten Jahre habe ich fast ausschließlich mit sterbenden Kindern gearbeitet. Ich glaube, daß Kinder im allgemeinen viel leichter sterben würden als Erwachsene, wenn wir Erwachsenen aus dem Sterben nicht ein solches Mysterium machten. Kleine Kinder, sogar Drei- und Vierjährige, können davon sprechen, daß sie sterben, und wissen um ihren bevorstehenden Tod. Dabei ist es wichtig, daran zu denken, daß sie in solchen Zeiten besonders häufig eine verbale oder nicht-verbale Symbolsprache verwenden. Wir werden mit nur zwei natürlichen Ängsten geboren, der Angst des Fallens und der Angst vor lauten Geräuschen. Alle anderen Ängste sind unnatürlich und werden von ängstlichen Erwachsenen auf Kinder übertragen.

Wenn kleine Kinder krank sind oder ins Krankenhaus müssen, ist ihre größte Sorge die Trennung von ihren Eltern.

Wir sind der Ansicht, daß kranken Kindern der Besuch ihrer Eltern ohne irgendwelche Einschränkungen erlaubt werden sollte.

Wenn Kinder drei oder vier Jahre alt werden, kommt zur Trennungsangst noch die Angst vor Verstümmelung. In diesem Alter beginnen sie, den Tod in ihrer Umgebung wahrzunehmen. Sie sehen vielleicht, wie ein Auto eine Katze oder einen Hund überfährt, und verbinden den Tod mit einer verstümmelten, schrecklich anzusehenden Leiche. Oder sie beobachten, wie eine Katze einen Vogel zerreißt. Um diese Zeit werden Kinder sich auch ihres Körpers bewußt und sind sehr stolz auf ihn. Kleine Jungen entdecken, daß sie etwas haben, was die kleinen Mädchen nicht haben. Sie möchten groß und stark sein wie der Supermann oder wie ihr Papi. Sie schreien, wenn ihnen Blut abgenommen wird, als würde man ihnen den Kopf oder einen Arm abhacken. Sehr oft bestechen Eltern ihre Kinder und versprechen ihnen jede Art von Spielzeug, wenn sie nicht weinen. Das führt zu einer unguten Atmosphäre, die besonders schädlich ist für Kinder, die an Leukämie und ähnlichen Krankheiten mit Besserungen und Rückfällen leiden. Kinder erfassen sehr schnell: Je lauter ihr Geschrei, desto größer das Spielzeug!

Wir sind der Meinung, daß man mit Kindern ehrlich und offen umgehen sollte, daß man ihnen kein Spielzeug für gutes Benehmen versprechen und daß man es ihnen sagen sollte, wenn ein Vorgang weh tut. Man sollte ihnen nicht nur sagen, was mit ihnen geschieht, man sollte es ihnen auch zeigen. Sehr oft verwenden wir eine Puppe oder einen Teddybär und erlauben den Kindern, den Vorgang am Teddybär oder an der Puppe zu vollziehen, damit sie genau wissen, was ihnen bevorsteht. Das bedeutet nicht, daß sie nicht weinen, wenn man sie sticht oder wenn sie sich einem Knochenmarktest unterziehen müssen, aber sie wissen, daß man ehrlich war, und ertragen die Prozedur viel leichter, als wenn man ihnen am Anfang einer schweren Krankheit eine Lüge erzählt hätte.

Nach dieser Angst vor Trennung und Verstümmelung beginnen Kinder über den Tod zu reden, als sei er ein vorübergehendes Geschehen. Dies ist ein sehr wichtiger Gedanke, den die Erwachsenen besser verstehen sollten. Ich glaube, daß diese Angst vor dem Tod als einem zeitweiligen Ereignis sich um dieselbe Zeit einstellt, wenn Kinder sich oft ohnmächtig fühlen gegenüber einer Mutter, die immer nein sagt. Sie bekommen ein Gefühl des Zorns, der Wut und Ohnmacht, und die einzige Waffe, die ein vier- bis fünfjähriges Kind hat, ist der Wunsch, seine Mama würde tot umfallen. Für ein Kind in diesem Alter heißt das: »Ich mache dich jetzt tot, weil du eine böse Mami bist, aber zwei bis drei Stunden später, wenn ich ein Butterbrot möchte, will ich, daß du aufstehst und es mir gibst.« Das bedeutet für ein Kind der Glaube, daß der Tod ein vorübergehendes Ereignis ist. Meine vierjährige Tochter reagierte auf ähnliche Weise, als wir im Herbst unseren Hund begruben. Sie sah mich plötzlich an und sagte: »Es ist gar nicht so traurig. Im nächsten Frühling, wenn die Tulpen blühen, wird er wieder herauskommen und mit mir spielen.« Ich meine, es ist wichtig, daß wir Kindern diesen Glauben lassen, obwohl er vom wissenschaftlichen Standpunkt nicht richtig ist. Es ist so, als würde man einem Kind sagen, daß es kein Christkind gibt, während es den Glauben an das Christkind noch braucht. Wenn Kinder etwas älter werden, beginnen sie, den Tod als etwas Permanentes zu begreifen. Oft personalisieren sie den Tod – zum Beispiel als ein Gerippe mit einer Sense als »Sensenmann«. Die Vorstellung hängt von der jeweiligen Kultur ab. Wenn das Kind weiter heranwächst, glaubt es daran, daß der Tod etwas Permanentes ist. Kinder über acht oder neun Jahren verstehen den Tod als ein endgültiges Ereignis, genauso wie Erwachsene.

Die einzige Ausnahme von diesem allgemeinen Bild stellen Kinder im Krankenhaus dar. Kinder, die monatelang im Krankenhaus liegen, werden schneller reif als Kinder, die in einer behüteten Umgebung leben. Oft sehen sie körperlich sehr kindlich oder klein aus, aber ihre Vorstellungen von ihrem eigenen Tod sind wesentlich reifer als bei anderen Kindern. Ich möchte kurz ein Beispiel dafür geben, wie rasch Kinder, die sich mehrere Monate im Krankenhaus aufhalten, reifen und heranwachsen können. Es zeigt außerdem, wie offen und wie einfach Kinder von ihrem bevorstehenden Tod reden können, während Erwachsene sich noch den Kopf zerbrechen, wie sie mit diesen Kindern über das Sterben sprechen sollen.

Wir hatten ein siebenjähriges Mädchen in unserer Klinik, das Leukämie hatte und im Sterben lag. Das Personal war der Ansicht, daß sie zu viele Fragen stellte. Sie erkundigte sich oft nach anderen Kindern auf ihrer Station, die gestorben waren. Je mehr Erwachsene sie befragte, desto mehr Antworten erhielt sie, und sie begriff sehr schnell, daß die Erwachsenen Probleme damit haben. Eines Tages änderte sie ihre Taktik und fragte das Personal der Reihe nach, wie es sein würde, »wenn ich sterbe«. Diese Frage überraschte alle, und ich glaube, daß jeder in der für ihn typischen Weise reagierte. Der Arzt antwortete: »Ich werde eben gerufen.« Dies ist eine ausweichende Antwort, die zwar nicht hilfreich, aber auch nicht destruktiv ist. Sie bringt einfach zum Ausdruck: »Ich bin sehr beschäftigt und habe keine Zeit, über solche Dinge zu sprechen.« Das kleine Mädchen gab nicht auf. Sie hielt sich an die Krankenschwester und fragte sie: »Wie wird es sein, wenn ich sterbe?« Die Schwester gab zur Antwort: »Du schlimmes Mädchen, du sollst nicht so reden. Nimm brav deine Medizin, dann wirst du gesund werden.« Eine solche Antwort richtet viel mehr Schaden an als die ausweichende des Arztes, denn sie projiziert die eigene Vorstellung der Krankenschwester, daß der Tod eine Strafe sei. Sie besagt nämlich im Grunde: Wenn du brav bist und das tust, was ich dir sage, wirst du gesund werden, aber wenn du schlimm bist, wirst du sterben – und das ist von vornherein eine Lüge. Dann fragte das kleine Mädchen den Seelsorger. Auch er wollte sich drücken, aber er besann sich und fragte sie: »Was meinst denn du, wie es sein wird?« Die Kleine war erleichtert, daß endlich jemand ihrer Frage nicht auswich, und antwortete: »Ich glaube, es wird so sein, daß ich eines Tages einschlafen werde, und wenn ich aufwache, bin ich bei Jesus und meiner kleinen Schwester.« Der Seelsorger erwiderte: »Das muß sehr schön sein.« Sie bestätigte dies, hüpfte davon und ging wieder zum Spielen.

Das soll nicht heißen, daß alle Kinder auf so reife und furchtlose Weise auf ihren Tod reagieren, aber wir dürfen wohl voraussetzen, daß dieses kleine Mädchen in seiner Familie mit Liebe und Zuversicht aufgewachsen war, in einer Umgebung, die den Tod als Teil des Lebens akzeptierte. Es ist wichtig, unsere Kinder so zu erziehen, daß sie den Tod als einen Teil des Lebens begreifen. Wenn sie dies noch vor dem Schulalter mitbekommen, werden diese Kinder nie die Phasen durchmachen müssen, die wir oben beschrieben haben.

Die Eltern müssen oft alle Stadien durchmachen, wenn sie mit dem bevorstehenden Tod eines Kindes konfrontiert sind, und ich glaube, daß es Erwachsenen viel schwerer fällt, den Tod eines geliebten Kindes zu akzeptieren. Es ist wichtig, daß wir uns nach besten Kräften Mühe geben, diesen Eltern zu helfen, und zwar möglichst, bevor das Kind stirbt, damit sie den Tod wenigstens ein Stück weit annehmen. Ich möchte hier eines meiner kostbarsten Geschenke weitergeben, weil es vielleicht am besten zum Ausdruck bringt, was Eltern durchmachen, wenn sie der Möglichkeit gegenüberstehen, eines ihrer Kinder zu verlieren. Es handelt sich um ein Geburtstagsgeschenk, das mir die Mutter eines Kindes, das Leukämie hatte, machte.

Ich hatte beide Eltern ungefähr ein Jahr lang psychologisch betreut. Jedesmal, wenn die Mutter spürte, daß sie einen Fortschritt gemacht hatte, schrieb sie den inneren Vorgang in einem Gedicht nieder. Ich möchte diese Gedichte hier wiedergeben und am Ende eines jeden einige Bemerkungen anschließen. Ihr erstes Gedicht ist dem Zimmergenossen ihres Sohnes gewidmet, der ebenfalls an unheilbarer Leukämie litt. Es hat den Titel: »Ein lustiger Tag in der Leukämieklinik«:

Heut sah ich ein sterbendes Kind im Spital,
sein Lächeln war zögernd, sein Gesicht zu schmal.
Sein Blick sah schon in die Ewigkeit,
und ich dachte: Ist morgen meiner so weit?

Ich küßte mein Kind und hielt es im Arm,
sein Lächeln machte mich glücklich und warm.
Ich meinte beinah, die Krankheit sei Schein.
Ach, bitte, laß ihn immer so sein!

Er ist warm und lebt und lächelt so lieb
und hüpft und springt und rennt wie ein Dieb.
Ein Kind voll Unschuld, ohne Bosheit doch,
ich möcht ihn behalten ein Weilchen noch.

Wer darf bleiben, und wer muß gehn?
Bis zum letzten Moment – wer kann's verstehn?
Es gibt keinen Grund, es muß so sein,
doch mein Inneres schreit – nicht meiner, nein!!

In diesem Gedicht kommt ein teilweises Nichtwahrhabenwollen zum Ausdruck. Sie weiß mit ihrem Verstand, was ihrem Kind bevorsteht, aber in ihrem Inner-
sten kann sie es nicht glauben und sagt: »Nicht meiner,
nein!« Auch ihr nächstes Gedicht ist dem Zimmergenossen ihres Sohnes gewidmet und heißt: »Bitte, stirb
bald«:

Er ist acht, sieht aber viel älter aus,
er wartete lang vor dem Totenhaus.
Ich fragte mich: Bis er stirbt, wie lang?
Sein Anblick machte uns angst und bang.

Ich denk an mein Kind – was ich geben kann,
wie ihm helfen, wenn seine Qual begann.
Ich hab Angst, wenn ich weine – ach, bleib bei mir,
doch wenn er fort muß, nimm ihn schnell zu dir.

Eines Kindes Tod dürfte nicht so sein,
so quälend lang, voll Schmerz und Pein.
Laß ihn sterben, wie er lebte – er lachte so gern,
laß uns, wenn er gehen muß, ein Lied noch hör'n.

Das nächste Gedicht heißt »Abschied von Kenny«:

Du starbst letzte Nacht, so schnell bereit,
du wußtest wohl, jetzt ist es Zeit.
Besser als einer, der bleiben mag
noch eine Stunde oder einen Tag.

Es war Zeit zu gehn, da du noch weißt:
dein Leib ist gebunden, doch frei dein Geist.
Du konntest noch lächeln und Lieder singen,
dich freuen an so vielen Dingen.

Keiner ist Sieger in diesem Kampf,
er war sehr hart, nun ruhe sanft.
Wie tapfer du warst, mehr kannst du nicht tun,
und jetzt, lieber Kenny, ist's Zeit zu ruhn.

Spüren Sie, daß diese Mutter mit dem Tod von Kenny
den Tod ihres eigenen Sohnes teilweise angenommen
hat? Sie verhält sich gegenüber Kenny, wie wir uns gegenüber unseren Patienten verhalten. Wenn wir unserem
eigenen Tod nicht ins Auge sehen können, dann können
wir vermutlich auch nicht den Tod unserer Patienten akzeptieren. Jedesmal, wenn wir den Mut haben, uns auf
unsere Patienten wirklich einzulassen, und die Stufe des
Annehmens erreichen, wird uns dies helfen, dem Annehmen der eigenen Sterblichkeit einen Schritt näherzu-
kommen. Das machte die Mutter mit Kenny. Sie konnte
den Tod ihres eigenen Kindes noch nicht annehmen,
aber sie war imstande, Kennys Tod anzunehmen. Dies
wird ihr eine Hilfe sein, mit dem Tod ihres kleinen Soh-

nes fertig zu werden. Sie versucht das gleiche mit anderen Kindern. Sie schreibt ein Gedicht an Beth mit dem Titel »Einer Neunjährigen zum Geburtstag«:

> Springen sollte ein Mädchen von neun,
> mit Puppen spielen und lustig sein,
> sich ausdenken eine neue Frisur,
> mit Freundinnen kichern und schwätzen nur.

> Doch nicht hier liegen im Krankenhausbett,
> mit Nadeln im Arm, ohne Haare – nicht nett.
> Ich ahne den Grund, warum dieses droht:
> Hier tratst du ins Leben, hier holt dich der Tod.

In diesem Gedicht versucht sie offenbar, diesem ganzen Unfug einen Sinn zu geben. Dann geht sie vom Nichtwahrhabenwollen in die Phase der Wut und des Zorns über. Sie überträgt ihren Zorn auf viele Menschen, auch auf das Krankenhauspersonal. Ich zitiere nur einige Zeilen aus einem ihrer Gedichte, dem Lied des Assistenzarztes, wie sie es nennt: »Ich bin Assistenzarzt, groß und mächtig./ Glauben Sie mir, es geht alles prächtig./ Ich erledige alles rasch und nett,/ wen kümmert's, wenn was danebengeht?/ Morgen behandle ich vielleicht auch Sie,/ Knochenmark, Spritzen, i. v., Autopsie./ Paar Jahre noch, dann kann ich's richtig/, doch jetzt nur soso – na, ist nicht so wichtig.«

Sie ist jetzt wütend auf jeden, der ihren kleinen Sohn anfaßt, nachdem sie wochenlang ihren Zorn auf viele Menschen übertragen hatte. Jetzt geht sie in die Phase des Trauerns über und versucht, sich vorzustellen, wie es sein wird, wenn ihr kleiner Sohn tatsächlich tot ist. Ihr kleiner Junge heißt Jeff, und Sie müssen seinen Namen kennen, um herauszuhören, wie sie sich alles vor seinem Tod vorstellt. Das Gedicht hat den Titel »Spielraum im Krankenhaus«:

Komm in den Spielraum und schau in den Spind –
das Spielzeug der Kinder, die gestorben sind.
Hier ist Annis Puppe, ein Buch von Mary,
ein Schläger, ein Ball, ein Handschuh von Larry.

Die Buntstifte Kennys sind noch spitz,
dies Bilderbuch gehörte Fritz,
Spielzeugschachteln, Bausteine, Tuben,
das ist übrig von den Mädchen und Buben.

Was schenken wir wohl von Jeffys Sachen
diesem Friedhof von einstigem Kinderlachen:
ein Puzzle, ein Buch, den Teddybär,
sein altes Dreirad? – Er liebte es sehr.

Für manchen ist's schön hier, er kommt und spielt,
daß ein krankes Kind sich glücklich fühlt.
Mein Aug und Herz wollen fort – sie fanden
Gespenster von Kindern, die wir kannten.

Nachdem sie den Vorbereitungsschmerz durchgemacht hatte, kam sie der Stufe des Annehmens sehr nahe. Dies ist sehr schwer für sie, weil sie gar keine Vorstellung von einem Leben nach dem Tode hat. Sie ist eine Frau ohne irgendeinen formalen religiösen Glauben und meint, daß man einfach tot ist, wenn man gestorben ist – es gibt keinen Himmel, keine Form der Unsterblichkeit. Daher fällt es ihr sehr schwer, zu begreifen, was mit ihrem kleinen Jeff geschehen wird. Sie schreibt ein Gedicht mit dem Titel: »Wohin gehst du, mein Kleiner?«

Ich sah einen Jungen auf dem Fahrrad flitzen,
er war zehn, seine Augen blitzten.
Er war schlank wie du, mit blondem Haar,
doch sosehr ich auch suchte, du warst nicht da.

Eine Schar von Kindern spielte Ball,
Jungen und Mädchen, ich sah sie all.
Ich wurde rastlos, verzweifelt gar,
sosehr ich auch suchte, du warst nicht da.

Du gehörst nicht zu ihnen, mein kleiner Sohn,
du bist was Besondres, das weiß ich schon.
Eine Zeitlang hier, dann gehst du fort,
wenn ich nur wüßte, an welchen Ort.

Ich sah die Wolken vorüberziehen,
am Himmel so frei und voller Frieden,
ganz ohne Sorgen – schön und licht,
und dort, mein Sohn, dort fand ich dich.

Vielleicht können Sie sich das Bild des Achtjährigen
vorstellen, der die Stufe des Annehmens erreicht hatte
und einen Friedensvogel zeichnete, der in den Himmel
flog. Dies ist ein ähnliches Symbol friedlichen Annehmens wie jenes, das die Mutter gebraucht, wenn sie sagt:
»Ich sah die Wolken vorüberziehen, am Himmel so frei
und voller Frieden, ganz ohne Sorgen – schön und licht,
und dort, mein Sohn, dort fand ich dich.« Danach verfaßte sie ein Gedicht über die Zukunft:

Jetzt halte ich fest, soviel ich kann,
denn heut ist morgen für den kleinen Mann.
Schaff Erinnerungen jetzt, solang noch Zeit,
denn die Zukunft ist nur Vergangenheit.

Das Gefühl von Panik will nicht weichen,
ich verbrachte viel Zeit, mich vorzubereiten.
Warum muß er gehn . . . bleibt denn nichts bestehn?
Die Zukunft soll nicht vergangen sein.

Manche Lieder sind kurz und manche lang,
vier herrliche Jahre – welch kurzer Gesang.

Doch heute singt er, ist lebhaft und schwätzt,
da wird die Zukunft zur Gegenwart – jetzt.

Nachdem die Mutter die Stufe des Annehmens erreicht und gelernt hatte, das Heute zu genießen und nicht zu sehr an das Morgen zu denken, begriff der kleine Jeff sehr rasch, daß seine Mutter jetzt in der Lage war, darüber zu reden. Er begann, von seinem eigenen Tod zu sprechen, wie die Mutter es in einem Gedicht mit dem Titel »Weißt du, wo Kenny blieb?« ausdrückte:

Mami, weißt du, wo Kenny blieb?
Er war mein Freund, und ich hatte ihn lieb.
Es ist lang her, seit ich ihn gesehn,
ich weiß nicht, wohin er mußte gehn.

Kenny ist tot?
Wer hat das getan?
Ist ein Schuß, eine Bombe schuld daran?

Ihn tötete niemand.
Er war krank so sehr,
da starb er ganz schnell,
er konnte nicht mehr.

So wie Mami und Papi und auch du
und Großpapa und die andren dazu.
Wo war er, Mami, als er gestorben so,
beim Spielen, zu Haus, oder im Bett, irgendwo?

Ich mochte Kenny, und ich vermisse ihn,
doch es war kein Schuß, dann ist's nicht schlimm.
Er ist nur gestorben wie wir alle einmal.
Tschüs, ich geh raus und spiele Ball.

Sie bemerken, daß er sich den Tod als eine Katastrophe, als ein zerstörerisches Geschehen vorstellt, wenn er fragt: »Kenny ist tot? Wer hat das getan? Ist ein Schuß, eine Bombe schuld daran?« Und als seine Mutter den Tod als etwas Natürliches darstellte, sagte er rasch: »Doch es war kein Schuß, dann ist's nicht so schlimm. Er ist nur gestorben wie wir alle einmal. Tschüs, ich geh raus und spiele Ball.« Haben Sie herausgehört, was für ihn unerledigt und seine letzte Sorge war? Er fragte: »Wo war er, Mami, als er gestorben so, beim Spielen, zu Haus, oder im Bett, irgendwo?« Damit stellt er die Frage: Werdet ihr mich wieder ins Krankenhaus abschieben, oder darf ich zu Hause sterben? Der kleine Jeff wußte sehr gut, daß man ihn ins Krankenhaus bringen würde, wenn er dem Tod nahe war, wie es mit den meisten unserer Patienten geschieht.

Nur wenige Wochen später bekam Jeff eine Lungenentzündung und begann, wieder von seinem bevorstehenden Tod zu reden. Plötzlich sagte er zu seiner Mutter: »Weißt du, Mami, ich fühle mich jetzt so krank, daß ich meine, diesmal werde ich sterben.« Ein Jahr davor hätte seine Mutter höchstwahrscheinlich zu ihm gesagt: »Sei still und rede nicht so, du wirst gesund werden.« Dieses Mal war sie in der Lage, ihn anzuhören. Sie konnte sich hinsetzen und ihm sagen: »Wie meinst du, wird es sein?« Der kleine Vierjährige antwortete: »Ich glaube, du wirst mich im Krankenwagen vom Spital dorthin fahren, wo Beth Ann ist.« Beth Ann war das Mädchen, das einige Monate vorher gestorben und jetzt auf dem Friedhof war, ein Wort, das Jeff wahrscheinlich nicht kannte. Dann fügte Jeff hinzu: »Ja, und du solltest ihnen sagen, daß sie die Lichter am Krankenwagen anmachen und daß sie ganz laut hupen, damit Beth Ann weiß, ich komme.« Dies ist eines der schönsten Beispiele für mich, wie kleine Kinder zwischen drei und fünf Jahren über ihren Tod sprechen können – wenn wir uns dem stellen können und der Sache nicht aus dem Wege gehen.

Jeffy lebte bis zu seinem neunten Geburtstag, so wie seine Mutter es unbewußt in ihrem Gedicht vorausgesagt hatte: »Ich sah einen Jungen auf dem Fahrrad flitzen...« Jeffs großer Wunsch, auf seinem glänzenden neuen, doch schon gebrauchten Fahrrad einmal um den Block zu fahren, ging kurz vor seinem Tod in Erfüllung. Er bat seine Eltern, Stützräder anzumontieren, und weil auch sein Gehirn angegriffen war, raste er fast wie ein Betrunkener um den Häuserblock.

Erschöpft kehrte er in sein Zimmer zurück. Seine Eltern nahmen die Stützräder ab und brachten auf seine Bitte sein geliebtes Fahrrad in sein Zimmer hinauf und ließen ihn allein. Erst als er seinen kostbaren Besitz auf Hochglanz poliert hatte, bat er seinen Bruder, in sein Zimmer zu kommen, und schenkte ihm das Fahrrad als ein verfrühtes Geburtstagsgeschenk. Zwei Wochen später starb Jeffy, stolz darauf, daß ihm das gelungen war, was er sich immer gewünscht hatte, und um so glücklicher, als er sein geliebtes Fahrrad an seinen jüngeren Bruder weitergeben konnte, der gesund und jetzt sieben Jahre alt war, so daß er ohne Stützräder darauf fahren konnte.

Diese scheinbar unbedeutenden Dinge sind sehr wichtig und gehören zu den unerledigten Dingen, die Kinder in Ordnung bringen müssen, bevor sie loslassen können.

Ich kannte eine andere Mutter, deren Sohn im Alter von zwölf Jahren starb und die überzeugt war, daß er nie über sein Sterben gesprochen hatte. Erst nach seinem Tod fand sie mit unserer Hilfe ein Gedicht, das der Zwölfjährige ein Jahr vor seinem Tod geschrieben hatte. Ich gebe dieses Gedicht hier wieder, um zu zeigen, wie reif und erwachsen manche Kinder sind, wenn sie in ihrer eigenen Sprache über ihren bevorstehenden Tod reden, über den die Erwachsenen nichts hören wollen. Er schrieb ein Gedicht mit dem Titel »Die Flamme«:

Die Flamme ist wie ein Mensch,
sie lebt und stirbt.
Ihr Leben ist wild und übermütig,
solange es dauert – sie ist lustig und tanzt
und hat anscheinend keine Sorgen.
Obwohl sie eine kurze Weile fröhlich ist,
nimmt sie ein trauriges Ende.
Traurig ist ihr Kampf, daß sie nicht sterben will.
Zuerst wirft die Flamme
    ein gespenstisches blaues Licht,
wenn sie dabei ist zu verlöschen,
    flackert und springt sie
wieder ins Leben zurück.
Dann sieht es aus, als ob der Trieb
des Überlebens Sieger wäre.
Doch weder Flamme noch Menschen
    können ewig leben.
Der Tod ist nah – die Flamme flackert noch einmal,
hascht nach dem Docht, widerstrebend
dem Schicksal, das sie überschattet – doch
    vergeblich . . .
Der Tod hat ihren Widerstand erschöpft
und bleibt Sieger!

Dies ist die Sprache eines Zwölfjährigen ein Jahr vor seinem Tod. Ich hoffe, daß sich mehr Eltern bewußt machen, daß Kinder von ihrem bevorstehenden Tod sprechen können und es auch wollen, daß sie ihren Eltern helfen können, sich ihrem Tod zu stellen, und daß wir dieses Thema nicht totschweigen sollen, sondern daß wir schon kleine Kinder viele Jahre, bevor sie mit ihrem eigenen Tod fertig werden müssen, damit vertraut machen können. Wenn wir das zustande bringen, brauchen wir keine Fachleute, die mit Tod und Sterben umgehen können, die Patienten wären nicht so schrecklich isoliert in unseren Krankenhausstationen, und wir würden uns schließlich mit der Tatsache abfinden, daß wir alle früher oder später sterben müssen.

Wir haben während des letzten Jahrzehnts mit Sterbenden gearbeitet und viel Zeit mit Eltern und Geschwistern sterbender Kinder verbracht. Da zwischen der Diagnose einer tödlichen Krankheit oder einem Unfall und dem tatsächlichen Tod eines Patienten manchmal nur wenig Zeit bleibt, war der Zeitfaktor oft ein Problem für uns. Viele Therapeuten und Ärzte gehen solchen »Klienten« einfach aus dem Weg, weil sie befürchten, daß die psychologische Betreuung einer solchen Familie zu viel Zeit kostet. Das stimmt im Grunde gar nicht. Wir haben von dem Gebrauch der Symbolsprache und von der Notwendigkeit gesprochen, diese Kunst der Kommunikation und Interpretation zu lehren und zu lernen, wo immer sich eine Gelegenheit dazu bietet.

Mit Hilfe einer Technik, die im Kantonspital in Zürich entwickelt wurde, wo ich Medizin studierte, haben wir gelernt zu verstehen, wann Kinder eine Krankheit, ein Trauma und ihren bevorstehenden Tod begreifen. Wir haben diese einfache und zeitsparende Methode verwendet, um Geschwistern (der Fall L.) und Kindern sterbender Eltern (die Fälle D. und B.) zu helfen, ihre Sorgen und Vorstellungen auszudrücken, um ihnen in einer Krisensituation, in der nicht viel Zeit für eine längere psychologische Betreuung bleibt, besser beistehen zu können.

Da so gut wie keine Literatur über dieses Vorgehen verfügbar ist, möchte ich einen kurzen Abriß der Methode geben, wie man solche Erkenntnisse sammelt und analysiert. Ich habe Dr. Gregg Furth, einen meiner Studenten, gebeten, seine Erfahrungen hier zusammenzustellen, da sein Studium bei Susan Bach in England ihm umfassende Kenntnisse auf diesem Gebiet vermittelt hat.

Abbildung 1

Laura

Abbildung 2

Abbildung 3

Bill

Abbildung 4

Bill

Abbildung 5

Abbildung 6

Teresa

Teresa

Abbildung 7

Abbildung 8

Abbildung 9

Jamie

Abbildung 10

Joann

Abbildung 11

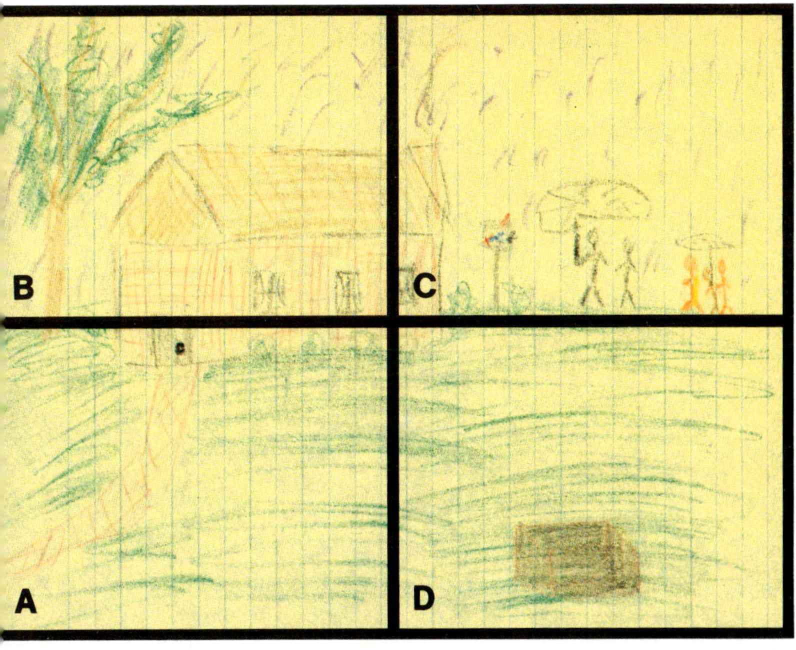

Abbildung 12

Abbildung 13

Joann

KAPITEL II:

Die Verwendung von Zeichnungen, angefertigt in einer Lebenskrise

von Gregg M. Furth

Jeder Künstler gebraucht sein Medium, um die Welt, in der er lebt, zu spiegeln und zu kommentieren. Jeder Mensch sieht und erlebt die Welt auf andere Weise, und jeder Künstler spiegelt und kommentiert, wie nicht anders zu erwarten, einen jeweils anderen Aspekt der Welt. Wenn Andy Warhol eine Suppenkonserve malt, dann spiegelt er damit Werte und Anschauungen über die Kunst und die Gesellschaft, die sich von denjenigen, die sich in Michelangelos *Jüngstem Gericht* ausdrücken, stark unterscheiden. Diese nichtverbalen »Kommentare« geben sowohl die bewußten als auch die unbewußten Eindrücke des Künstlers wieder.

Ein Kind liefert uns ein Abbild seiner Welt, das häufig klarer und unmittelbarer ist als das eines Künstlers, weil ein Kind wenig formale Kenntnisse über Kunst besitzt. Wenn ein Kind seine Gefühle und Vorstellungen in eine Zeichnung hineinlegt, dann entfaltet sich dieser Prozeß, ohne daß die Stimme der Kritik ihm vorwirft, daß sein Baum nicht richtig oder in dieser Weise schon von jemand anders gezeichnet worden sei. Wenn ein Kind einen Baum zeichnet, dann ist er eben für dieses Kind ein Baum. Wenn wir ihn nicht als solchen erkennen, wird das Kind uns unbefangen mitteilen, daß es ein Baum ist. Es scheint, als ob die (bewußten und unbewußten) Gedanken und Gefühle des Kindes frei und unmittelbar auf das Zeichenpapier fließen.

Wir betrachten im wesentlichen die Zeichnung eines Kindes, ohne ästhetische Gesichtspunkte zu berücksichtigen, und stellen fest, daß sein Abbild der Welt sich weniger hinter den formalen Elementen einer Technik verbirgt. Die Entscheidung des Kindes, was und wie es etwas zeichnen will, ist oft eine klare Spiegelung seiner Eindrücke, die es auf der bewußten Ebene nicht zum Ausdruck bringt.

Wir können, ob wir nun ein Kindergekritzel analysieren oder »seriöse« Kunst kritisieren, den einen Schluß ziehen, daß nichtverbale Akte Gefühle und Gedanken vermitteln, die sowohl aus dem Bewußten als auch aus dem Unbewußten kommen. Sehen wir nun zu, wie ein schwerkrankes Kind, das sich entschließt, ein Bild zu zeichnen, sich dieser Funktion bedient. Ein großer Teil der Welt des Kindes kreist jetzt um seinen kranken Körper, und daher werden wir in seiner Zeichnung viele Hinweise auf seine Krankheit finden. Wenn ein sterbendes Kind ein Bild zeichnet, dann erkennen wir vielleicht, daß sich bemerkenswerte Bekenntnisse und Gefühle darin ausdrücken, die uns seine unerfüllten Bedürfnisse zu Bewußtsein bringen oder den inneren Frieden des Kindes bestätigen. Die Entdeckung seiner Ängste, Wünsche oder Einsichten kann für seine Kontaktperson eine Hilfe sein, richtig zu reagieren und die tiefen Bedürfnisse des sterbenden Kindes zu erfüllen. In gewisser Hinsicht gibt die Zeichnung dem Kind die Freiheit, seine eigene Diagnose zu stellen, und den anderen ist es überlassen, ihm die nötige psychologische Hilfe zu geben, um die Angst oder Verwirrung, die das Kind empfindet, zu lindern. Bezieht sich jedoch diese Diagnose sowohl auf den körperlichen als auch auf den psychischen Zustand des Kindes?

Bis hierher habe ich die Ansicht vertreten, daß ein Kind in seinen Spontanzeichnungen seine nichtverbalisierten Gefühle und Gedanken wiedergibt. Eine solche Information ist für alle Menschen nützlich, die mit dem sterbenden Kind Umgang haben. Doch möchte ich außerdem darauf hinweisen, daß das Kind in einem anderen Sinn auch ein Krankheitsbild von sich gibt, das für das Krankenhauspersonal nützlich sein kann, von dem es medizinisch betreut wird. Mit anderen Worten, die Zeichnung des Kindes kann ein Abbild sowohl seines physischen wie auch seines psychischen Zustands darstellen.

Susan Bach, eine Londoner Psychoanalytikerin, studierte die spontanen Zeichnungen todkranker Kinder, mit spezieller Berücksichtigung der Beziehung zwischem dem Körper (Soma) und der Seele (Psyche). Sie vertritt die Ansicht, daß Psyche und Soma zusammenwirken, um dem Leben und der Gesundheit des Individuums zu dienen. Wenn diese Verbindung zwischen Psyche und Soma wirklich besteht, dann müssen wir sie auch in den ohne Anleitung ausgeführten, spontanen Kinderzeichnungen finden. Wenn die Zeichnungen den psychischen und spirituellen Zustand des Kindes wiedergeben und wenn eine Verbindung zwischen Psyche und Soma besteht, dann muß auch der körperliche Zustand in diesen Zeichnungen sichtbar werden. Warum betonen wir die Bedeutung dieser Verbindung zwischen Psyche und Soma? Wenn wir in unserer Interpretation der Zeichnung diese Verbindung nachweisen können, dann können wir die Zeichnung bei der Behandlung des ganzen Menschen in seiner individuellen Einheit von Körper und Persönlichkeit nutzen. Eine solche ganzheitliche Auffassung könnte dem sterbenden Individuum die Vergewisserung vollendeten Lebens vermitteln, die es an der Schwelle des Todes braucht und ersehnt.

Ich habe Kinder und Erwachsene gesehen, die das Stadium erreichten, in dem ihr Soma und ihre Psyche in Harmonie waren. Das Leben dieser Sterbenden endete heiter, im Bewußtsein von Sinn und Erfüllung. Das sterbende Kind kann dieses Bewußtsein von Erfüllung haben, auch wenn es sich nicht in der Sprache der Erwachsenen ausdrückt. Ich meine, der sterbende Patient hat ein Recht darauf, daß andere ihm helfen, ein so vollständiges Leben wie möglich zu führen, während er in das Endstadium seines Lebens eintritt. Das bedeutet, daß auch das sterbende Kind berechtigt ist, eine solche Erwartung zu hegen. Unausgedrückte Bedürfnisse müssen erkannt und erfüllt werden. Ich bin überzeugt davon, daß Zeichnungen diese unausgesprochenen Wünsche, Bedürfnisse und Ängste vermitteln können.

Ursprünglich bezog sich meine Forschungsarbeit auf Kinder, die an Leukämie erkrankt waren, und meine Hypothese dabei war, daß die Zeichnungen sterbender Kinder sich von denjenigen gesunder Kinder nachweislich unterschieden. Diese Hypothese bestätigte sich, und ich gewann außerdem Anhaltspunkte dafür, daß die Psyche sich auch in den Zeichnungen gesunder Kinder spiegelt. Meine Forschungen ergaben, daß körperlich gesunde Individuen, die emotionalen Streß zum Ausdruck bringen, auch in ihren Spontanzeichnungen wichtige Informationen darüber geben. (Dies nimmt nicht allzusehr wunder, wenn man bedenkt, daß die Forschungsarbeit von Frau Dr. Bach auf dem Gebiet der Analyse von Zeichnungen sich zunächst auf Patienten der Psychiatrie konzentrierte, die keine organische Krankheit hatten.)

Anhand der folgenden Fallstudien möchte ich zeigen, wie ich die Informationen verwendet habe, die ich sowohl den Zeichnungen körperlich gesunder Individuen als auch den Zeichnungen von Patienten mit ernsten organischen Erkrankungen entnahm. Diese Beispiele demonstrieren den Wert von Zeichnungen zur Vermittlung bewußter und unbewußter Informationen (von gesunden sowie von schwerkranken Personen). Wir werden sehen, daß in solchen Zeichnungen sehr wohl ein Potential enthalten ist, das uns helfen kann, die Situation besser zu meistern. Wir müssen lernen, diese diagnostischen Zeichnungen zu »lesen« und Gebrauch von ihnen zu machen, damit ihr Potential sich verwirklichen kann. Ein solches Verständnis erfordert natürlich eingehendes Studium und Erfahrung.

Ich werde oft gefragt, ob diese Art, Zeichnungen zu analysieren, nur auf Kinder anwendbar ist. Auch Erwachsene kann man ermutigen, Spontanzeichnungen anzufertigen, auch wenn sie anfangs mehr Hemmungen als ein Kind haben, einer solchen Aufforderung nachzukommen. Die Bilder Erwachsener spiegeln den leib-seelischen Zustand nicht weniger als die Zeichnungen von Kindern. In jedem Erwachsenen steckt gewissermaßen ein Kind, das in die Zeichnung des Erwachsenen eingeht. Das kann das »verletzte Kind« von früher sein, das nie die Liebe und Vergebung erhalten hat, die nötig gewesen wäre, damit das Individuum sich so weit hätte davon erholen können, um das ihm bestimmte Leben zu führen. Dieses »Kind« kann auch ein unentwickeltes negatives oder positives, psychisches oder somatisches Potential darstellen, das dem Individuum sein allmähliches Hervortreten ankündigt.

Wir alle, die wir auf dem Gebiet der Thanatologie arbeiten, möchten den Sterbenden helfen, sich der bestmöglichen Lebensqualität in der ihnen noch verbliebenen Zeit zu erfreuen. Was tun wir, um den Überlebenden zu helfen, ihr Leben ganz zu leben? Der Thanatologe kann nicht nur dem Todesgott dienen; es ist seine Aufgabe, sowohl ihm als auch dem Gott des Lebens zu dienen. Die Lebenden brauchen Hilfe, damit sie das Leben hier und jetzt meistern können.

Meine Mitarbeiter und ich stellten uns die Aufgabe, die Bilder, die von Kindern oder Erwachsenen zu einem kritischen Zeitpunkt ihres Lebens gemalt wurden, so zu verwenden, daß wir erkennen konnten, was nottat, und die nötige Hilfe gewährten, damit diese Menschen zu einer Harmonie von Leib und Seele zurückfanden. Abgesehen von dem therapeutischen Gewinn, den man diesen Zeichnungen entnehmen kann, stellen sie manchmal eine außerordentliche Hilfe für Eltern oder andere nahestehende Menschen dar, wie wir anhand einiger der folgenden Beispiele zeigen werden.

Laura

Die erste Zeichnung, die wir untersuchen wollen, stammt von Laura, einer dreißigjährigen Frau aus New York City, die an einer der großen Universitäten Neuenglands studierte. Sie war dabei, ein Forschungsprojekt für ihre Doktorarbeit in Psychologie zu entwickeln, als sie einen meiner Workshops besuchte, der sich mit der Interpretation spontaner Zeichnungen befaßte. Laura verfolgte mit ihrer Teilnahme an dem Workshop einen »akademischen« Zweck. Für ihr Forschungsprojekt wollte sie Kinder und Erwachsene Zeichnungen anfertigen lassen, und sie erwartete, etwas über die Interpretation dieser Zeichnungen zu lernen. Sie sagte mir später, daß sie die Aufforderung, in meinem Workshop selbst ein Bild zu zeichnen, als eine Zumutung empfunden habe. Sie erklärte, daß sie nicht wisse, wie sie an diese Aufgabe herangehen sollte. Immerhin war sie so ehrlich, einzugestehen, daß sie ihrerseits bald andere Menschen bitten würde, ihr für ihr Forschungsprojekt Zeichnungen zu machen. Sie sah ein, daß »wer A sagt, auch B sagen muß«, zeichnete ein Bild und präsentierte es mir (Abbildung 1). Obwohl ihr eine Vielfalt bunter Stifte zur Verfügung stand, verwendete Laura nur ihren schwarzen Kugelschreiber und hielt sich zurück, vielleicht weil sie ihre wahre Persönlichkeit nicht preisgeben, also nicht »Farbe bekennen« wollte.

Ich hatte schon früher mit Laura gesprochen und von ihrem Forschungsprojekt erfahren, in dem sie Zeichnungen verwenden wollte. Ich schätzte sie als eine sehr intelligente, aufnahmefähige Studentin ein und merkte nicht, daß sie den Wert solcher Bildanalysen in Zweifel zog oder daß ihr meine Aufforderung, selbst etwas zu zeichnen, peinlich war.

Sehen wir erst, was Lauras Bild psychologisch bedeutet; dann wollen wir die somatische Seite betrachten.

Die Zeichnung sollte Laura in dem Raum darstellen, in dem sie gerade saß. In diesem Raum befanden sich jedoch mehr als sechzig Leute – für die Größe des Zimmers war es ein Gedränge –, aber in ihrer Zeichnung gibt sie keine andere menschliche Figur wieder. Die Zeichnung ist dennoch ein Abbild ihrer jetzigen Situation, der unmittelbaren Realität, die sie erlebt. Den Teilnehmern meines Workshops stand es frei, zu zeichnen, was sie wollten. Könnte es eine Bedeutung haben, daß Lauras Wahl die Darstellung ihrer unmittelbaren Gegenwart war? Was war in dieser Gegenwart so wichtig? Welches Ereignis war nicht eingetroffen, das Laura sich erhofft hatte? Der Titel ihres Bildes *»Frieden beginnt«* gibt uns einen Hinweis darauf, daß ihre Vergangenheit vermutlich nicht friedlich war, daß jedoch ein hoffnungsvoller Weg sich eben für sie erschlossen hat. Wie mag ihr Leben sich in jüngerer Zeit wohl gewandelt haben, daß Frieden beginnen konnte?

Wenn wir das Sofa in der Zeichnung betrachten, stellen wir fest, daß es auf keinem Boden steht. Außerdem hat es nur eine Armlehne, und zwar an dem Ende, wo Laura sich in die Ecke schmiegt. Was ist mit dem anderen Ende des Sofas – warum gibt es dort keine Armlehne, an die man sich anlehnen könnte? Deutet dieses defekte Sofa vielleicht darauf hin, daß ein Teil von Laura keine »Lehne« hat? Dieses lehnenlose Ende des Sofas ist so wichtig, weil es innerhalb der Zeichnung in zentraler Position steht. Wenn wir nämlich das Bild durch zwei Linien in Quadranten teilen (Abbildung 2), sehen wir deutlich, daß dieser Teil des Sofas im Mittelpunkt steht. Dieser Position entnehmen wir, was im Leben der Zeichnerin von zentraler Bedeutung gewesen sein mag. Wir bekommen weitere Anhaltspunkte, indem wir bemerken, daß das Sofa nicht nur auf keinem Boden steht, sondern daß niemand neben Laura sitzt. Einerseits ist es vielleicht gut, daß diese Seite leer ist, denn möglicherweise ist es nicht sehr sicher oder gemütlich, neben Laura zu sitzen. Andererseits weist die leere Seite des Sofas auf Laras Isolierung hin, die vielleicht ein Unglück für sie ist. Sie ist in diesem Bild sehr allein. Auf den ersten Blick weiß ich nicht recht, wie ich diese Einsamkeit interpretieren soll, aber da Laura ein Sofa mit Plätzen für mehr als eine Person anstatt eines Stuhls mit nur einer Sitzgelegenheit gezeichnet hat, vermute ich, daß Laura die Einsamkeit ihrer Situation spürt. Daß Laura sich an das Sofaende klammert, das eine Lehne hat, veranlaßt mich zu fragen, was für eine Stütze diese Frau wohl gehabt hat, ob diese Stütze hinfällig geworden oder ihr jetzt nicht mehr verfügbar ist.

Wenn wir bedenken, daß Laura sich auf dem Sofa befindet und daß dieses sozusagen Lauras Leben darstellt, dann hat es den Anschein, daß ihr Leben und die Stützen darin irgendwie auseinandergebrochen seien. Psychologisch gesehen, könnte das etwas sehr Positives sein. Es kann eine Art Tod und Wiedergeburt in ihrem Leben darstellen, die eine Initiation in eine neue Lebensphase symbolisiert. Wir denken dabei an den notwendigen Zusammenbruch oder »Tod« des Selbst, bevor Integration und Wiedergeburt auftreten können. Ich meine damit die beiden komplementären Phasen der Desintegration und Reintegration. In diesem Licht scheint Lauras Titel »Frieden beginnt« insbesondere auf eine Reintegration hinzudeuten, die vielleicht schon begonnen hat.

Wenn man die menschliche Figur genauer betrachtet, fällt es schwer, zu erkennen, ob sie männlich oder weiblich ist. Es sind keine Brüste angedeutet, und ich nehme auch keine anderen weiblichen Merkmale wahr. Ich frage mich, ob Laura sich der weiblichen Seite ihrer Persönlichkeit wohl voll bewußt ist. Im Gegensatz zu weiblichen Merkmalen sehe ich sehr breite Schultern und frage mich, wozu sie solche starke Schultern braucht.

Trägt diese Person eine so große Verantwortung oder eine so schwere Last, die einer solchen Stärke bedarf? Könnte es sein, daß Laura sich der Verantwortung bewußt ist, die traditionellen Rollen der Frau zu erfüllen – nämlich zugleich Ehefrau, Mutter und sie selbst zu sein –, und sich noch nicht im klaren darüber ist, was dies alles für sie bedeutet?

Das Lächeln auf ihrem Gesicht sieht mir gezwungen aus. Wenn man ein solches Lächeln forcieren muß, dann bedeutet es wohl, daß sie nicht wirklich glücklich ist, und diese Last, die sie trägt, muß sie vielleicht für sich (allein) behalten. Folglich errichtet sie für die anderen eine Fassade, und Lauras Bedürfnis nach breiten Schultern, um die Last ihrer Bürde tragen zu können, steigert sich noch.

Wir beobachten, daß die rechte Hand der Figur auf der Armlehne des Sofas ruht, während die linke ihren Geschlechtsbereich bedeckt. Aristoteles sagte einmal, daß die Hand »das Werkzeug der Werkzeuge« ist. Was leisten diese Werkzeuge also für Laura? Das eine hält sie aufrecht, und mit dem anderen schützt sie sich vielleicht.

Diese Gestalt ohne Geschlechtsbestimmung veranlaßt mich, nach Lauras Einstellung zur Sexualität zu fragen. Hat sie Angst vor ihrer instinkthaften, weiblichen Seite? Fürchtet sie, von einem Mann geliebt zu werden und sich hinzugeben, um sich zu finden?

Wenn wir genauer hinsehen, bemerken wir, daß sich weder unter ihren Füßen noch unter dem Sofa ein Boden befindet; sie scheint in der Luft zu hängen oder zu schweben. Was ist mit der Grundlage ihrer Stütze und mit ihrer Erdung in der Wirklichkeit geschehen? Trotzdem heißt es »Frieden beginnt«, und daher vermute ich, daß etwas im Gange ist, das Laura diese optimistische Einstellung gibt. Und das Positive, das sich entwickelt, verschafft ihr vielleicht auch einen festen Grund, auf dem sie stehen kann.

Wenden wir uns nun der oberen Bildhälfte zu. Laura sagte mir, daß es vier Fenster sind, die sich vom einen Rand des Blattes zum anderen erstrecken. Sie informierte mich, daß außerhalb der Fenster Andeutungen einer aufgehenden Sonne, von Bäumen und Sträuchern zu sehen sind. Diese Gegenstände sind nicht klar gezeichnet und sehen etwas chaotisch aus. Wenn wir wiederum nach der möglichen Bedeutung von Lauras Bildersprache suchen, so können wir vermuten, daß ihr äußeres Leben nach chaotischen Linien verläuft, während Einsamkeit ihr inneres Leben beherrscht. Andererseits sind Pflanzen und Sonne sehr positive Zeichen des Lebens, die mögliches Wachstum andeuten. Daraus schließe ich, daß Lauras äußeres Wachstum – ihr Umgang mit der Welt und den Menschen ihrer Umgebung – blühen und Früchte tragen wird.

Wenn dieses Bild eine Totalität Lauras darstellt, dann erwecken diese in vier Abschnitte geteilten Szenen pflanzlichen Lebens im Freien und einer aufgehenden Sonne andererseits auch die Vorstellung der vier Jahreszeiten in der Natur. Könnte es sein, daß Lauras vier Lebenszeiten – frühes Kindesalter, Kindheit, Jugend und Reife – des Wachstums bedürfen? Vielleicht wird Lauras Entdeckung ihrer Weiblichkeit und ihres großen Potentials als Frau ihr die nötige Grundlage und Stütze geben. Laura hat mir gesagt, daß diese vier Abschnitte Fenster darstellen, und ich denke über die Glasscheiben dieser Fenster nach. Glas kann Reinheit, spirituelle Vollkommenheit oder den Großen Geist symbolisieren. Jetzt möchte ich gerne herausfinden, was im spirituellen Bereich Lauras geschehen ist, das in ihren »vier Jahreszeiten« ein Chaos verursachte.

Ich erfuhr Näheres über Lauras interessante Vergangenheit. Sie war das zweitälteste Kind in einer Familie mit acht Kindern und war neun Jahre lang katholische Nonne gewesen. Nach einer mehr als gründlichen Gewissenserforschung verließ sie ihren Orden. Sie schreibt über ihre Situation:

»Als die Person, die dieses Bild zeichnete, bin ich mir sehr bewußt, wie genau diese Zeichnung meinen damaligen inneren Zustand wiedergibt. Nach etwa einem Jahr intensiver psychoanalytischer Therapie kam mir das Ausmaß an Verzweiflung, Pessimismus, Entfremdung und sexueller Verklemmung zu Bewußtsein, das bis dahin für mein Leben bezeichnend war. Eingespannt in eine volle Assistentenstelle in Psychotherapie, eine halbe Assistentenstelle in Psychologie, fortgeschrittene Kurse in Psychologie und die Arbeit an meiner Dissertation, präsentierte ich der Außenwelt ein lächelndes Bild meines kompetenten Ich, wurde mir jedoch schmerzhaft bewußt, daß ich keine Zeit für mich selbst hatte. Während ich mit dem Gefühl kämpfte, nicht liebenswert zu sein, hatte ich wenigstens eine Stütze in dem Gefühl, beruflich zu mir zu finden.«

Wir haben die verschiedenen psychologischen Dimensionen von Lauras Bild erwogen und wollen nun nach möglichen somatischen Hinweisen Ausschau halten. Wenn ich das Bild noch einmal betrachte, frage ich jetzt: Warum hat Laura es nötig, ihren Sexualbereich zu schützen? Wird Laura einen somatischen Prozeß durchmachen, der starke Schultern verlangt, damit sie den Druck aushält? Laura erklärte mir später, daß sie beabsichtigt hatte, die linke Hand der Figur auf den Schenkel zu legen, »aber als ich die Zeichnung machte, war es, als ob meine Hand ›unwillkürlich‹ dorthin rutschte, um meinen Genitalbereich zu beschützen. Ich erinnere mich genau, wie erstaunt ich war, daß ich die Entfernung, die meine Feder zurücklegen sollte, so ›falsch beurteilt‹ hatte.«

Ein Jahr später ging Laura zu ihrem Gynäkologen, um sich einer Routineuntersuchung zu unterziehen. Es wurde ihr mitgeteilt, daß der Abstrich mit großer Wahrscheinlichkeit auf eine Gewebsveränderung mit Krebs im Frühstadium hinweise. Eine operative Gewebsentnahme zur endgültigen Klärung war notwendig, und Laura mußte dazu stationär ins Krankenhaus eingewiesen werden. Dort wurde auf vaginalem Weg die verdächtige Stelle aus dem Gebärmutterhals herausgeschnitten, das Gebiet verätzt und gleichzeitig eine Dehnung der Harnröhre vorgenommen. Das Resultat der Gewebsuntersuchung – die Diagnose eines noch oberflächlichen Krebses im Anfangsstadium – erweckte in Laura ein Bedürfnis nach Schutz. Als ich das Bild etwas später wieder betrachtete, bemerkte ich, daß Laura auf dem stabilsten Teil des Sofas saß, der Seitenlehne so nahe, daß sie mit dieser wie verwachsen schien. Gab es in Laura ein »inneres Etwas«, das nicht nur um ihr Schutzbedürfnis wußte, sondern auch darum, daß alles gut ausgehen würde, wenn sie sich nur irgendwie »anlehnen« konnte?

Bill

Manchmal geht nicht klar hervor, was eine Zeichnung darstellt, und diese Zweideutigkeit kann zusätzlich noch dadurch kompliziert werden, daß das Individuum nur wenig über seine Zeichnung, seine Gedanken und Gefühle mitteilt. Bill, ein achtjähriger Junge im Krankenhaus, gab mir Zeichnungen, deren Interpretation komplexer und problematischer war als Lauras Zeichnung. Ich lernte Bill kennen, als ich Material für meine Doktorarbeit sammelte. Er zeichnete nur drei Bilder für mich, und zwar jeweils im Abstand von mehreren Wochen. Sein Kommentar bezog sich hauptsächlich auf das erste Bild (Abbildung 3).

Auf der ersten Zeichnung sieht man ein schmetterlingsähnliches Gebilde. Er nannte die Zeichnung »Kringel«. Eine Kette von Kringeln verläuft vertikal in der Mitte und wird im Zentrum durch ein Kreuz unterbrochen. Zwei große Kringel füllen die Mitte in der Horizontalen aus. In jeder Ecke befindet sich ein isolierter Kringel. Die Kringel in den beiden oberen Ecken werden im Verlauf der Zeichnung zu »Kringeln innerhalb von Blumen«. Bill sagte, daß diese vier Eckenkringel »abseits ... getrennt waren und sich gegenseitig erreichen« wollten. Über die mit dunkler Farbe ausgefüllten, vertikal über und unter dem Kreuz angeordneten Kringel sagte er, während er sie ausmalte, daß sie jetzt »wie von Schmutz verstopft sind und nicht zu dem Ding (er deutete auf das Kreuz) hinkönnen ... und so können diese Kringel die anderen nicht erreichen«. Die Kringel in den unteren Ecken »schwimmen im Wasser und möchten hinaus«. Als ich ihn fragte, ob die Kringel wohl hinauskönnten, antwortete er: »Vielleicht.«

Ich war frustriert und traurig, daß ich über die Einzelheit der physischen Krankheit mit den Patienten, die ich besuchte, nicht reden durfte. Es war mir nur gestattet, die Patienten über ihre Bilder sprechen zu lassen. Ich wußte, daß Bill Leukämie hatte und daß er unheilbar war. Ich glaube, daß Bill mir seine Krankheit symbolisch beschrieb anhand seiner Bilder und seiner Äußerungen über die Kringel. Könnten diese Kringel, von denen er sprach, vielleicht seine Blutkörperchen darstellen? Und meinte er mit der Verstopfung, die er erwähnt hatte, vielleicht die wuchernden Krebszellen?

Meiner Ansicht nach wußte Bill um seine Krankheit und hätte gerne darüber gesprochen, aber leider untersagte mir das Krankenhaus, wie ich bereits erwähnte, im Rahmen meiner Forschungsarbeit ein solches Gespräch zu führen. Trotzdem unterhielten wir uns ständig auf dieser bildhaften Ebene, und ich entdeckte, daß das zentrale Kreuz die Ursache aller Blockierungen in diesem Bild war. Das Kreuz könnte für Gott stehen, und vielleicht gab Bill Gott die Schuld für das, was ihm geschah.

Über seine nächsten beiden Bilder wollte Bill nicht viel sagen. Das zweite Bild, das er für mich malte (Abbildung 4), bezeichnete er als eine Tapete für sein Zimmer zu Hause.

Man beachte das ähnliche Kreuz im Mittelpunkt, mit einer Blume in jeder der vier Ecken. Während ich ihn beim Zeichnen beobachtete, fiel mir auf, mit welcher Vehemenz er seine Linien zog. Er hielt seinen Bleistift wie ein Messer oder einen Dolch, mit dem er in etwas hineinstach. Das allein bestätigte mir, daß Bill verzweifelt einen Menschen nötig hatte, mit dem er über seine Situation reden konnte. War er von Zorn gegen Gott erfüllt?

Ich teilte meine Beobachtungen der Sozialarbeiterin mit, einer tüchtigen Frau, die zum Krankenhauspersonal gehörte. Sie stimmte zu, daß Bill Hilfe brauchte, aber der behandelnde Arzt war nicht gewillt, die nötige Empfehlung an den Kinderpsychiater des Krankenhauses zu schreiben. Folglich war Bill allein gelassen und fühlte sich vielleicht so »abseits« und »getrennt« wie die Kringel in seinem ersten Bild.

Diese beiden Bilder zeigen, daß Bill als Mittel der Kommunikation keine figürlichen Darstellungen wählte. Indem er ein abstraktes Muster anstelle figürlicher oder realistischer Darstellung setzte, gab Bill zu verstehen, daß er seinen Problemen auswich oder daß er sie kaschierte. In meinen empirischen Studien der Zeichnungen von Menschen fand ich, daß abstrakte Zeichnungen oft eine Parallele zu einer Lebensphase darstellen, in der das Individuum sich der Realität nicht stellen will oder sie sogar ganz verleugnet.

Bill wollte über seine zweite und dritte Zeichnung (Abbildung 4 und 5) eigentlich nicht reden, und ich fand heraus, daß er von seinen Eltern gelernt hatte, nicht über seine Krankheit zu sprechen. Seine Eltern befanden sich gerade in Scheidung, und das arme Kind war im Wirrwarr des elterlichen Traumas allein gelassen und hatte niemanden, der ihm hätte sagen können, daß er seine

Gedanken ruhig haben und auch darüber reden durfte. Zum Glück hatte er die Zeichnungen, die ihm erlaubten, seinen Gefühlen wenigstens zum Teil Ausdruck zu verleihen, aber ich hatte den Eindruck, daß dies nicht ausreichte. Bill war ein kluger Junge, der seine Gedanken und Gefühle artikuliert hätte, wenn man ihm nur die Gelegenheit, die Erlaubnis und die Freiheit gegeben hätte, den Teil seines Inneren auszudrücken, der sich so gerne zu erkennen geben und so gerne behandelt werden wollte. Bill konnte sehen und spüren, daß er nicht gesund wurde. Er war alt genug, sich der Endgültigkeit des Todes bewußt zu sein. Kinder in seinem Alter, die dem Tod gegenüberstehen, leiden meistens viel mehr durch den Gedanken, daß sie im Augenblick des Todes von ihren Lieben getrennt werden, als durch den Gedanken an den Vorgang des Sterbens. Die Trennungsangst wurde vermutlich noch intensiviert durch die Trennung und die bevorstehende Scheidung seiner Eltern.

Bills drittes Bild (Abbildung 5) erschreckte mich. Er setzte in der linken unteren Ecke an und zog lange, kühne Striche über das Blatt, das er damit in dreieckige Figuren unterteilte, bis hinauf in die rechte obere Ecke. Er malte sechzehn Segmente, erreichte die rechte obere Ecke jedoch nicht ganz. Der eine Rand des sechzehnten Dreiecks blieb unvollständig. Dann malte Bill alle Dreiecksfiguren mit Buntstift aus und begann wieder in der linken unteren Ecke und arbeitete sich zur rechten oberen Ecke vor. Ich saß still bei ihm, während er das Blatt ausfüllte. Als er zum Ende kam, fragte ich mich besorgt, ob er sein ganzes Leben so ausfüllen würde. Gab es keinen Raum, in dem er sich wandeln, in dem er wachsen und leben konnte? Aber als er sich der rechten oberen Ecke näherte, hielt er inne und ließ das unvollständige Dreieck ohne Farbe. Er sah die Zeichnung gedankenvoll an, nahm den roten Stift, übersprang eine leere Stelle und malte die rechte obere Ecke aus.

Monate später fand ich es auffallend und bemerkenswert, daß Bill sechzehn Wochen, nachdem er dieses Bild gemalt hatte, gestorben war – eine Zeit, die genau mit der Anzahl der Dreiecksfiguren bis zu der Leerstelle rechts oben übereinstimmte. Könnte es sein, daß »etwas« in Bill wußte, wann der Tod eintreten würde?

Als ich dieses Bild von ihm bekam, war es mir ein noch größeres Anliegen, daß dieses Kind mit einem Psychologen sprechen sollte, und wieder wandte ich mich an die Sozialarbeiterin. Dieser gelang es endlich, eine Empfehlung zu erwirken, daß ein Kinderpsychiater diesen Jungen besuchte. Wie wichtig ist es, daß die Ärzte selbst den Wert einer Diagnose und Behandlung der leib-seelischen Ganzheit erkennen!

Bill weigerte sich, nach dem dritten Bild mit den sechzehn Dreiecksfiguren noch eine weitere Zeichnung für mich zu machen. Aus dieser letzten Zeichnung ging hervor, daß er seine Situation noch nicht offen darstellen konnte. Das einzige, was er uns in seinen Bildern von seiner Welt zeigen konnte, verschwamm hinter einer abstrakten Darstellung. Doch wenn wir uns in seine abstrakten Bilder hineinbegeben, können wir Hinweise über seinen somatischen und psychischen Zustand ans Licht bringen.

Aus seinem ersten Bild spricht die Angst vor seiner Krankheit und die Bedrohung durch den Tod. Die Ähnlichkeit zwischen den violetten Kringeln und einem erkrankten Knochenmark ist auffallend. Die Kringel könnte man auch als Blasen mit eingeschlossener Luft auffassen, die unter anderem das Abschneiden des Lebensatems wiedergeben. Die Kringel könnten, psychologisch gesehen, auch Bills Beziehung zu anderen Menschen darstellen. Wie die Kringel konnte auch Bill die anderen nicht erreichen; er konnte sich mit ihnen nicht auf seine direkte, bewußte Weise verständigen. In einem spirituellen Sinn könnten die Kringel auch den Geist oder die Seele bedeuten, die sich abgeschnitten fühlte. Es ist bemerkenswert, daß ein Kreuz in der Mitte von Abbildung 3 und 4 steht. Kreuz und Blumen haben oft die Bedeutung von Kirche, Gott, Friedhof und Tod. Es hat den Anschein, daß dieses Kind viele unbeantwortete Fragen mit sich herumtrug. Wir wissen nicht, wieviel Druck durch die zerbrochene Ehe seiner Eltern zusätzlich auf seinem Leben lastete. Ich möchte allerdings die Vermutung wagen, daß dieses Kind unter psychischen Wunden und Schmerzen litt, die ebensogroß waren wie seine physischen Leiden. Wenn wir Bills eigene Worte umschreiben, könnte man sagen, daß er sich verwirrt und emotional »verstopft« fühlte, daß er Hilfe »erreichen« und aus seiner Verwirrung »heraus« wollte, sich jedoch »blockiert« fühlte. Es ist durchaus möglich, daß er einen allmächtigen Gott wahrnahm, der dafür verantwortlich war, daß ihm der Weg zu Gesundheit und Glück abgeschnitten war, und das Kreuz ist vielleicht Bills eigenes Kreuz geworden – der Ort seines Leidens.

Ich kann nur hoffen, daß der Kinderpsychiater, der endlich gerufen wurde, die verwundete Seele dieses Kindes einigermaßen heilen konnte. Wir erinnern uns, daß Bill auf die Frage, ob die Kringel wohl herauskönnten, mit »Vielleicht« geantwortet hatte.

Nichtmediziner, die im Gesundheitswesen tätig sind und etwas von ganzheitlichem Heilen verstehen, tragen eine große Verantwortung insofern, als sie den Ärzten helfen können, die psychische Seite zu erkennen und nicht nur physische Bedürfnisse zu erfüllen, sondern den ganzen Menschen zu betreuen.

Teresa

Wir wenden uns jetzt einer Reihe von Bildern zu, die ich von einem kleinen Mädchen bekam, das Leukämie hatte. Als ich die sechsjährige Teresa zum ersten Mal sah, kam sie mit ihrer Mutter gerade ins Krankenhaus. Sie hatten eine weite Reise zurückgelegt, damit Teresa behandelt werden konnte. Ich erinnere mich, wie angenehm ich von der Wärme und Fröhlichkeit von Teresas Mutter beeindruckt war. Ich beobachtete, daß Teresa schüchtern und klein für ihr Alter war. Ihr Gesicht war über seine normale Größe angeschwollen aufgrund einer durch ihre Chemotherapie verursachten Ansammlung von Flüssigkeit. Sie sprach nicht viel, aber ihr Lächeln machte ihre Schweigsamkeit mehr als wett. Es war leicht, ihre Gefühle zu erkennen, wenn man zuhörte, wie sie sprach. Wenn sie nämlich sprach, dann erzählte sie von ihren zwei Schwestern und drei Brüdern und wie lustig es war, wenn sie zusammen ihre liebsten Fernsehprogramme ansahen. Ihre größte Freude war ihre Familie und die Liebe, die ihre Familie ihr gab. Es hätte Teresa sehr traurig gemacht, wenn sie niemanden gehabt hätte, mit dem sie hätte spielen können, aber bei einer so großen und liebevollen Familie würde ein solches Unglück ihr kaum zustoßen.

Abbildung 6 gibt das erste von drei Bildern Teresas wieder, die offenbar sie selbst darstellen. Fast alle Kinder mit Leukämie, deren Bilder ich untersuchte, zeichneten Figuren, die sich stark auf ihre Person bezogen.

In Bild 6 sehen wir ein lächelndes Mädchen, das auf irgendeinem Untergrund steht. Ich hatte beobachtet, daß Teresa für ihre ganze Familie etwas Besonderes war, und daher wußte ich, daß dieses Kind tatsächlich einen starken Rückhalt besaß. Beachten Sie, daß ihre Beine, Arme, der Körper und Kopf in ziemlich normaler Proportion zueinander stehen und daß ihr Gesicht sehr rund ist. Doch was mich besonders daran interessiert, ist die Art, wie ihre Zehenspitzen und ihr Scheitel eine Verbindung zwischen dem Boden und dem Himmel schaffen. Wie kann ein so kleines Kind sowohl Himmel wie Erde berühren? Können wir daraus entnehmen, daß ihre Zeit nahe war? Das nächste Bild gibt uns noch mehr Einblick.

Als Teresa einen Monat später in die Klinik kam, zeichnete sie das Bild, das wir auf Abbildung 7 sehen. Wir erfuhren, daß sie dieses Mal an Schmerzen in den Beinen litt. Sie erklärte, daß ihre Zeichnung ihren Garten darstellte und daß das Mädchen Blumen gepflückt hatte. Insgesamt waren zwölf Blumen abgebildet. Ich bemerkte, daß das Bild symmetrisch ist, mit einem Baum auf jeder Seite und je fünf Blumen, und je eine Blume in jeder Hand. Warum waren es insgesamt zwölf Blumen? Gegenstände, die sich wiederholen, stehen oft in Beziehung zu einer bedeutsamen Lebensepoche (vgl. die sechzehn Dreiecksfiguren in Bills Zeichnung, Abbildung 5). Was mir jedoch angst macht, ist die Verlagerung des blauen Himmels: Im ersten Bild berührt er Teresas Kopf, aber auf Bild 7 wird er zu ihrem Boden. Den »Himmel oberhalb« zu haben ist großartig – alles ist in der richtigen Lage. Aber beim »Himmel unterhalb« mache ich mir Sorgen um die Zukunft. Ist diese Umstellung der Farbe bloß eine kindliche Laune? Ich glaube nicht.

Man beachte, daß die Beine der Figur dünner sind als in der vorhergehenden Zeichnung und daß das Gesicht im Verhältnis zum Körper zu groß ist. Das Lächeln auf dem Gesicht ist aber trotzdem noch Teresas Lächeln.

Zwei Monate später kehrte Teresa in die Klinik zurück, diesmal auf Krücken. Sie hatte starke Schmerzen in den Beinen und konnte sie nur mit Mühe bewegen. Sie zeichnete noch ein Bild für mich (Abbildung 8).

Die Szene im Freien ist jetzt verschwunden, und das mondförmige Gesicht der Figur bedeckt einen Großteil des Blattes. Wiederum sehen wir, wie die Wirkung der Chemotherapie sich darin spiegelt. Die Medikamente hatten nicht nur ein Ödem verursacht, das ihr ein gedunsenes Aussehen gab, sondern sie bewirkten auch einen Haarausfall. Die Arme und Beine am Körper der Gestalt sind sehr kurz geraten. Teresas eigene Gliedmaßen waren auch in Wirklichkeit klein und nicht mehr zu gebrauchen. Tatsächlich wurde Teresa eine Woche später von ihrer Mutter in das Krankenhaus getragen, und einige Wochen danach starb das Kind.

Es ist interessant, festzustellen, daß Teresa zufällig – wenn man es so nennen will – zwölf Wochen, nachdem sie die Zeichnung mit den zwölf Blumen angefertigt hatte, starb.

Betrachten wir noch einmal Teresas drei Spontanzeichnungen und vergleichen wir sie. Die Art, wie Teresa die Arme und Beine der Figur malte, stellt buchstäblich eine Diagnose der Immobilität dar, bevor sie sich tatsächlich nicht mehr bewegen konnte. Im Verlauf der Serie stellen wir fest, daß ihr Körper immer mehr schrumpft und ihr Gesicht immer übergewichtiger wird, so daß der kleine Körper den Kopf nicht mehr tragen kann. Im letzten Bild gibt es ein interessantes Detail. Anstelle eines Punktes für die Nase hat die Figur jetzt zwei Punkte entsprechend den beiden Nasenlöchern. Damit scheint Teresa uns ihr Wissen mitzuteilen, daß ihr Körper weniger tragfähig ist und daß sie mehr auf den Atem selbst angewiesen ist, um am Leben zu bleiben. Das Lächeln bleibt ihr erhalten. Ich habe keinen Grund anzunehmen, daß Teresas Lächeln im Angesicht des Todes weniger echt war als zu der Zeit, als sie gesünder war, da sie die ganze Zeit eine Geborgenheit in der Liebe ihrer Familie besaß. Wir sehen also, daß ihre Zeichnungen ein Spiegel von Psyche und Soma sind.

Jamie

Die nächsten beiden Bilder (9 und 10) stammen von einem kleinen Mädchen namens Jamie, das einen unheilbaren Tumor hatte. Elisabeth Kübler-Ross hatte Jamie und ihre Mutter mehrere Male besucht. Sie hat davon in ihrem Buch »Leben bis wir Abschied nehmen« (Kreuz Verlag, Stuttgart 1979, Seite 43 ff.) berichtet.

Die erste Zeichnung, Abbildung 9, stellt einen Regenbogen dar. Bei dieser Zeichnung hatte Jamie erklärt, daß sie »einen Regenbogen malen« würde. Dieses Bild ist nur einer von den beiden Regenbögen, die Jamie während der letzten Monate ihres Lebens malte. Die Symbolik des Regenbogens teilt uns etwas über Jamie mit. Historisch-mythisch gesehen, gab Gott dem Menschen den Regenbogen als Symbol des Friedens zwischen sich und den Menschen. Er hat seinen Ursprung in der Geschichte von Noah und der Sintflut. Nach der Sintflut teilte Gott dem Noah mit, daß der Regenbogen zum Zeichen dafür scheinen würde, daß eine solche Sintflut sich nie wieder ereignen würde. Es war Gottes Verheißung des Friedens durch das sichtbare Symbol des Regenbogens, um den Menschen an diese große Verheißung zu erinnern (1. Mose 9,13–17). Abgesehen davon wollte Gott in seiner Weisheit sich vielleicht auch selbst an sein Versprechen erinnern. Wenn also ein schwerkrankes Kind den Regenbogen mit seiner tiefen Bedeutung des Friedens zwischen Gott und Menschen malt, so ist das ein interessantes Symbol. Vielleicht hat Jamie auf diese Weise ihren Frieden mit Gott gemacht, weil der Regenbogen das ganze Blatt ausfüllt.

Auf der nächsten Zeichnung (Abbildung 10) sind vier Reihen von vorwiegend quadratischen und runden Formen zu sehen. Als Elisabeth Kübler-Ross dieses Bild sah, teilte sie der Mutter mit (wie diese schrieb):

». . . Der freischwebende Ballon in der oberen linken Ecke deutet darauf hin, daß Jamie wußte, daß sie sterben würde, und sie hatte keine Angst. Sie stellte sich selbst dar, wie sie unbehindert in eine andere Form der Existenz entschwebte.«

Dies war ein Wendepunkt, denn jetzt, als Mutter eines sterbenden Kindes, begann Jamies Mutter den bevorstehenden Tod ihres Kindes zu akzeptieren.

Jamies »Frieden mit Gott« gewinnt noch eine tiefere Bedeutung durch ein anderes, hier nicht aufgenommenes Bild, das zwanzig Kreise enthält, die wiederum kleinere Kreise umschließen. Ich erwähne dies nur, um die Bedeutung der Kreisform hervorzuheben, die ja auch die »Ballonform« ist, die Elisabeth Kübler-Ross in Bild 10 feststellte. Der Kreis ist ein universales Symbol; es bedeutet Totalität, Ganzheit, Erfüllung, Selbstgenügsamkeit und letzten Endes Gott: »Gott ist ein Kreis, dessen Mittelpunkt überall und dessen Peripherie nirgends ist« (Hermes Trismegistus). Wenn wir die Bedeutung der Symbole mit der Information in einem Brief von Jamies Mutter verbinden, verstehen wir den Hinweis noch besser, daß Jamie um ihr Ende wußte, daß sie es begriff und im Frieden war. Jamies Mutter schreibt:

»Alle diese Zeichnungen entstanden nach der Zeit, als ich erfahren hatte, daß man für Jamie nichts mehr tun konnte und daß der Tumor weiterwachsen würde. Jamies Körperfunktionen waren noch intakt. Als sie nachließen, akzeptierte Jamie das viel besser als ich, wie ich Ihnen schon sagte.«

Es scheint, daß Gott und Jamie miteinander im Frieden waren. Dies war Jamies Weg. Totalität, Ganzheit, Erfüllung waren gekommen, und es war Zeit für sie, weiterzugehen. Und obwohl sie ihr geliebtes Kind vermissen würde, konnte die Mutter schließlich akzeptieren, daß dies wirklich der Weg ihrer kleinen Tochter war.

Joann

Wir verlassen jetzt die Kinderzeichnungen und sehen im nächsten Bild wiederum, wie eine erwachsene Frau eine Krisensituation in ihrem Leben in ihre Zeichnung projizierte. Wir haben es mit Joann zu tun, einer neunundvierzigjährigen Mutter, die wie alle Menschen in Krisenzeiten sich mit Fragen herumschlug, auf die sie eine Antwort suchte. Während ihrer Teilnahme an dem von mir geleiteten fünftägigen Workshop zeichnete sie ein Bild auf einem linierten Notizblatt (Abbildung 11).

Wie wir bald sehen werden, half ihr diese Zeichnung, eine traumatische Erfahrung, die sie gemacht hatte, in den Griff zu bekommen. Nach dem Workshop bat ich sie um diese Zeichnung und um die Erlaubnis, sie in meinem Unterricht und meinen Schriften verwenden zu dürfen. Sie erklärte sich gerne bereit, mir die Erlaubnis zu geben, die Geschichte ihrer Erfahrung mit der Zeichnung zu verwenden, konnte sich vom Original ihrer Zeichnung jedoch zunächst nicht trennen. Statt dessen zeichnete sie mir eine »Kopie« des Bildes (darauf komme ich später noch zurück), aber es gelang mir, sie zu bewegen, mir ein Farbfoto ihrer Originalzeichnung (Abbildung 11) zu schicken.

Für Joann begann ein Gesundungsprozeß, als sie dieses Bild betrachtete und die Bedeutung seines Inhalts zu entziffern lernte. Diese Frau war mutig genug, sich der schwierigen Aufgabe des Verstehens und des Wachsens auf ihrem Lebensweg zu stellen, und wich der Verantwortung, die ein solches Wachsen und Lernen erfordert, nicht aus.

Aus praktischen Gründen und um die fehlende Information in diesem Bild zunächst auszuklammern, habe ich die Zeichnung in vier gleiche Abschnitte unterteilt (Abbildung 12). Ich werde jedes Viertel – A bis D – untersuchen und danach die Aussagen zusammenfassen, um die »Story« des Bildes und des Ringens dieses Menschen zu vervollständigen. Ich habe gelernt, daß man bekannte und unbekannte (das heißt noch nicht entwickelte oder bewußte) Aspekte seines Lebens in eine Zeichnung hineinprojiziert. Diese Projektionen des Bekannten und Unbekannten oder dessen, was noch nicht bekannt geworden ist, sind gewöhnlich mit bestimmten Quadranten assoziiert. Außerdem habe ich gelernt, daß man beim Studium eines Bildes am besten weiterkommt, wenn man mit dem Bekannten beginnt und sich zu dem Unbekannten vortastet. Ich beginne daher mit dem linken unteren Quadranten und gehe im Sinne des Uhrzeigers weiter bis zum rechten unteren Quadranten – bis zu dem Raum, der einen sehr fragwürdigen, unbekannten Abschnitt darstellt. Diese Bewegung vom Bekannten zum Unbekannten erlaubt dem Interpreten, Fuß zu fassen und Hilfe zu gewinnen, während er sich durch die Story eines Bildes durcharbeitet.

Ich erkenne, was viele Dinge in Joanns Bild darstellen sollen, und daher gelingt es mir schnell, einen Großteil seines Inhalts zu erfassen. Im linken unteren Quadranten (A) finden wir einen Weg, der zu einem Haus führt. Außerdem sehen wir den unteren Teil des Hauses und eines Baumstammes. Weil jedoch der größte Teil dieser Dinge in Quadrant B liegt, will ich sie später besprechen. Auf beiden Seiten des Weges befindet sich so etwas wie Gras. Interessant ist, daß der Weg kreuzschraffiert ist, denn Kreuzschraffierung bedeutet oft Angst. Dies veranlaßt mich, darüber nachzudenken, was für ein Weg es ist, der in Joann Angst erzeugen könnte. Ich schließe in meine Erwägungen ein, daß es ein Weg ist, der zu einem Haus führt. Könnte es Joanns Haus sein – ihr häusliches Leben? Sie hat also einen Weg; offensichtlich findet sie den Weg zu dem Haus, und das ist für sie ein Glück. Trotzdem können wir nicht darüber hinwegsehen, daß ihr Weg ununterbrochen von Sorge markiert ist.

Es sollte jetzt klargeworden sein, daß das »Lesen« einer Zeichnung ein sorgfältiges Achten auf jedes Detail erfordert. Man muß beachten, in welchem Bezug alle Einzelheiten stehen, oder ob sie keinen Bezug zueinander haben, und ständig nach der möglichen Bedeutung dieser Fakten suchen. Position, Bewegung, Farben, Formen und Muster, die Anzahl der Gegenstände und die Art der Übereinstimmung des Bildes mit der realen Welt sind nur einige Aspekte, die kritisch untersucht werden müssen, bevor man seine Eindrücke im Hinblick auf eine Interpretation des Bildes formulieren kann. Es ist sogar ratsam, die Zeichnung durchzupausen, um sicherzugehen, daß man nichts übersehen hat.

Wir wollen also weiterhin jede relevante Einzelheit sammeln und kommen zu Quadrant B, wo wir ein Haus mit einer Türe sehen, die eine Klinke hat. An der Längsseite des Hauses befinden sich drei Fenster, die mit Vorhängen versehen sind. Unter diesen Fenstern können wir grüne Kringel ausmachen, die Sträucher darstellen. Das Dach ist kreuzschraffiert und hat einen Schornstein, aus dem vielleicht Rauch aufsteigt. Andererseits könnten die Zeichen über dem Schornstein auch Regen bedeuten, oder es könnten sich sowohl Regen als auch Rauch gegen den Himmel abzeichnen. Auf der linken Seite des Blattes sehen wir einen nach rechts geneigten Baum. Der Baum hat Blätter, scheint sich seiner Wurzeln aber nicht ganz sicher zu sein. Diese detaillierte Beschreibung ist informativ, doch jetzt müssen wir die auf die Person bezogene Bedeutung der Zeichnung erforschen.

Meine Aufmerksamkeit richtet sich zunächst auf das Haus. Es ist kreuzweise schraffiert, ebenso wie der Weg und das Dach. Auch dies ist ein Anzeichen dafür, daß Joanns häusliches Leben die Ursache dafür ist, daß sie Angst und Sorge verspürt. Außerdem hat das Haus auffällige Attribute. Das erste ist eine sehr kleine Tür. Wenn die fünf Leute auf der rechten Seite hier zu Hause sind oder dieses Haus besuchen, können sie es durch diese Tür nicht leicht betreten. Ihre Höhe beträgt nur 1,2 cm, während die Figuren der Erwachsenen 2 cm und 2,1 cm hoch sind. Sogar die kleinste Figur in Quadrant C (1 cm hoch) wird Schwierigkeiten haben, unter diesem Türbogen durchzugehen. Ich setze nun diese Information zu früheren Beobachtungen in Beziehung und stelle fest, daß diese Zeichnung ein gespanntes Familienleben reflektiert, zu dem der Zutritt nicht leicht ist. Es kann aber auch das Gegenteil stimmen, nämlich daß es sich um ein ängstliches Familienleben handelt, von dem man nicht loskommt. Das kann ich jetzt noch nicht wissen, halte die Möglichkeit dieser Entdeckung jedoch fest und setze meine genaue Untersuchung fort.

Das zweite auffallende Merkmal dieses Hauses besteht darin, daß es an der Vorderseite keine Fenster hat. Wie ungewöhnlich! Nicht einmal die Tür weist ein kleines Fenster auf. Viele Häuser, die meisten wohl, haben Fenster an der Vorderseite. Überlegen wir einmal, welchen Zweck Fenster haben. Fenster gestatten das Eindringen des Lichts, und durch sie kann man hinaussehen bei gleichzeitigem, wirkungsvollem Schutz vor den Elementen. Fenster erlauben außerdem einem Außenstehenden, zu sehen, was drinnen vor sich geht. Dieses persönliche Bild von Joann erweckt die Vermutung in mir, daß sie es vielleicht nicht will, wenn man Einblick in ihr Familienleben gewinnt, und daß sie in gleicher Weise mit irgend etwas, das von außen in ihr Heim eindringen könnte, nicht konfrontiert sein will. Es hat den Anschein, daß sie vor allen Dingen einen starken Schutz möchte, wie die solide Front dieses Hauses andeutet.

Mir fällt außerdem ein, daß Glas den Geist symbolisieren kann. Könnte es sein, daß Joann ihren »Geist« im Leben verloren hat? Zweifelt sie an Gott, oder braucht sie ihn nicht in dieser Phase ihres Lebens? Möchte sie Gott von jeder direkten Berührung mit ihrem Leben ausschalten und ihn sozusagen für den Bedarfsfall auf die Seite stellen? Wichtiger noch ist die Frage, worin Joann auf sich selbst vertraut.

Wenn ich alle bisher gesammelten Fakten und die

Fragen, die sich mir stellten, in meinem Gedächtnis addiere, bemerke ich noch ein drittes, sehr auffälliges Merkmal dieses Hauses. Wenn man genau hinschaut, kann man sehen, daß die Achse zwischen der Vorderfront und der Längsseite des Hauses fehlt. Ohne diese Stütze ist das Haus aber in Gefahr. Was geht wohl in Joann vor, wenn sie keine Stütze zwischen der »Fassade« und der »Seite« hat?

Der undeutliche Rauch über dem Schornstein zusammen mit dem Regen am Himmel ist noch merkwürdiger. Ich werde später darauf zurückkommen.

Wir kommen jetzt zu Quadrant C und sehen ein Vogelhäuschen mit vier Vögeln – zwei roten, einem blauen und einem schwarzen Vogel. Zwei Vögel scheinen Nahrung zu picken, die anderen sind entweder im Flug oder verlassen gerade den Futterplatz. Der Vogel könnte als Symbol für die Seele gelten. Da wir sehen, daß die Vögel entweder gefüttert wurden, zum Futter fliegen oder gerade dabei sind, Nahrung aufzunehmen, finden wir darin eine gewisse Sicherheit des Individuums. Selbst in Sturm und Regen bekommt die Seele Nahrung. Ich fühle mich daher zu der Annahme ermutigt, daß Joann sich innerlich in einer Lage befindet, die Heilung und Wachstum fördert.

Betrachten wir nun den Regen, der sowohl in Quadrant B als auch in Quadrant C hineinreicht. Regen könnte Läuterung oder Reinigung darstellen. Wovon muß Joann gereinigt werden? Warum braucht sie Läuterung? Beachten Sie, daß der Regen violett gemalt ist. Die Farbe Violett kann Geistiges oder vielleicht auch Besitztum oder Besitzenwollen bedeuten. Braucht Joann mehr Glauben an spirituelles Besitztum – mit dem Ziel: Gottes Wille geschehe? Was ist ihr zugestoßen, daß sie so viel Angst hat, daß sie sich schützen und jeden anderen daran hindern muß, in ihr persönliches Haus, das heißt in ihr Selbst, einzutreten? Worin besteht ihre

Furcht, die sie hindert, anderen Menschen einen Einblick in ihr Inneres zu gestatten, und die es ihr gleichzeitig verbietet, selbst hinauszusehen (siehe die fehlenden Fenster an der Vorderseite)? Es ist beunruhigend, festzustellen, daß sie zwischen ihrer »erleuchteten« Seite und der defensiven Front, hinter der sie lebt, keine Stütze hat. Offensichtlich ist sie durch ein traumatisches Erlebnis verletzt worden und ist verunsichert bezüglich dessen, was sie tun, was sie suchen oder wohin sie gehen soll.

Aus dem Schornstein kommt vielleicht Rauch, der auf ein im Haus brennendes Feuer deutet. Feuer und Rauch, die entweder einzeln oder zusammen auftreten können, weisen oft auf ein Bedürfnis nach Liebe und Wärme hin. Wenn wir dieses mögliche Bedürfnis zu demjenigen der Reinigung hinzufügen, das der Regen zum Ausdruck bringt, eröffnet sich für Joann eine schwierige Situation. Sie braucht Liebe und Angenommenwerden, doch ihr Bild zeigt auch, daß sie sich erneuern muß, damit die Liebe in ihr Leben eintreten kann. Ich habe oft feststellen können, daß Menschen, die sich erneuern wollen – und dazu gehört, daß man sich selbst vergibt –, zunächst das Trauma oder Ereignis verstehen müssen, das zu der Problemstellung geführt hat. Wenn diese Einsicht vollzogen ist, müssen sie Mitleid für den Menschen in sich selbst entwickeln, der so verletzt wurde. C. G. Jung schrieb in einem Brief vom 24. September 1959 an eine Frau:

»Sie können anderen keine Freundlichkeit und kein Verständnis erweisen, wenn Sie sie nicht sich selbst erweisen. Das ist sehr ernst. Wir genügen uns niemals. Das ist die Bürde, die ein jeder zu tragen hat: das Leben zu leben, das wir leben müssen. Darum seien Sie freundlich zu der geringsten Ihrer Schwestern, die Sie selbst sind.«

Daher bin ich an diesem Punkt in Sorge um Joann und hoffe, daß sie sich selbst vergeben kann, indem sie das Vorgefallene, das sie jetzt als eine Bürde trägt, verstehen lernt.

In Quadrant C finden wir einige zusätzliche wichtige Hinweise. Wir sehen Personen in zwei Gruppen, und beide gehen entweder zum Haus oder entfernen sich von ihm. Weil diese Personen als Strichfiguren gezeichnet sind, können wir nicht viel über sie oder die Richtung, in die sie sehen, aussagen. Ein Mensch, der Strichfiguren zeichnet, scheut sich oft davor, seine wahre Identität vor sich selbst oder anderen zu enthüllen.

Joann sagt mir, daß der größere Regenschirm von ihrem Mann gehalten wird und daß sie an seiner Seite geht; die drei Kinder gehen zusammen unter dem anderen Schirm. Was an dieser Gruppierung auffällt, ist zunächst die Stellung Joanns und ihres Mannes unter dem Schirm. Lassen Sie uns »in das Bild einsteigen«, damit wir uns in den Mann, der den Schirm trägt, und dann in die Frau hineinversetzen können. Wir bemerken, daß der Mann den Schirm in der von seiner Frau weiter entfernten Hand hält. Dadurch wird ihr nur ein ganz geringer Schutz gewährt. Wir bemerken außerdem, daß der Schirm extra erweitert werden mußte, damit er überhaupt über Joanns Kopf reichte. Vielleicht ist Joann sich bewußt, daß ihr Mann sie nicht »beschirmt«, und ihre Zeichnung bringt ihr Bedürfnis zum Ausdruck, daß dieser Schirm ausgedehnt werde, damit auch sie unter ihm Platz hat. Wenn wir uns nun in die Frau in der Zeichnung hineinversetzen, fragen wir uns, warum sie nicht näher bei ihrem Mann steht. Jeder, der schon einmal einen Schirm mit einem anderen Menschen geteilt hat, weiß, daß man den Schirm zwischen sich und dem anderen halten muß, damit er den besten Schutz gewährt, und daß es noch besser ist, wenn man sich, den anderen um die Mitte fassend, eng aneinanderschmiegt. In Anbetracht der Distanz zwischen Joann und ihrem Mann in diesem Bild kommen mir Zweifel an der Qualität ihrer

Beziehung, und ich frage mich, was in diesem von Angst und Sorge gekennzeichneten Familienleben dieser beiden erwachsenen Menschen wohl vorgefallen ist.

Die Kinder stehen in einer Gruppe für sich und scheinen unter ihrem Schirm geborgener zu sein. Jetzt sollten wir das Alter der Kinder wissen; sie scheinen noch klein zu sein – vielleicht zwischen neun und zwölf Jahren. Joann teilt mir jedoch mit, daß sie erwachsen und in den Zwanzigern sind! Es sind die Gestalten ihres Sohnes, ihrer Tochter und ihres Schwiegersohnes, die mit Joann und ihrem Mann spazierengehen. Ich überlege, warum Joann diese Erwachsenen so kindlich sieht und so beschützt wissen will. Warum kann sie ihnen nicht erlauben, erwachsen zu werden? Da sie sie um so viel kleiner als sich selbst und ihren Mann gezeichnet hat, stellt sich die Frage, was dies über ihre Beziehung und ihre Einstellung zu ihnen aussagt. Als ich sie fragte, ob sie sie wie kleine Kinder behandelte, erzählte sie mir eine bewegende Geschichte.

Ihr ältester Sohn ist in der Kiste in Quadrant D begraben. Er war an einem Freitagabend an seinem Arbeitsplatz ermordet worden ohne eine erkennbare Ursache für dieses Verbrechen. Seine Leiche wurde tragischerweise erst am nächsten Tag entdeckt. Joann erzählte mir: »In der Brieftasche meines Sohnes fanden wir auf einem Stück Papier das Lied von Paul Cotton mit dem Titel ›Bad Weather‹ (Schlechtes Wetter): ›And I believe it is going to rain‹ (Und ich glaube, es wird regnen).« Joann hatte einen Regentag gezeichnet, obwohl es sie überraschte, als sie Wochen, nachdem sie das Bild gemalt hatte, diese Entsprechung feststellte.

Diese Tragödie veranlaßte Joann, ihre anderen Kinder wie eine Glucke zu behüten. Sie telefonierte regelmäßig mit ihrer verheirateten Tochter, um zu sehen, ob sie und ihr Mann am Abend sicher in ihrem Heim waren. Ihren jüngeren Sohn, der noch zu Hause wohnte, kontrollierte sie ständig. Als Mutter hatte Joann Angst um das Leben ihrer übrigen Kinder und meinte, daß sie ihren Schutz brauchten. Doch diese Art des Bemutterns war den Kindern unerträglich geworden, und sie begannen, sich von ihr zurückzuziehen. Auch ihr Mann entfernte sich von ihr aufgrund ihres Fehlverhaltens, das aus den ungelösten Gefühlen im Zusammenhang mit der Ermordung ihres Sohnes kam.

Als wir über den Inhalt dieses Bildes sprachen und uns um ein Verständnis seiner Bedeutung bemühten, gab Joann ohne weiteres ihre Sucht, die Kinder allzusehr zu behüten, und den sichtbaren Rückzug ihrer Kinder zu. Sie verstand nicht nur deren Reaktionen, sondern war auch gewillt, die Verantwortung dafür zu übernehmen, daß sie diesen Rückzug ausgelöst hatte. Joann begann, sich ihrer Handlungen und deren Wirkung bewußter zu werden. Sie wollte ihr Verhalten ändern.

Was Joann, der Frau und Mutter, zugestoßen ist, liegt tief in ihrer Psyche begraben und ist älter als ihr Leben auf dieser Erde. Ihr Leben als Frau wurde durch den tragischen Tod ihres Sohnes wieder auf die Rolle der nährenden Mutter und Beschützerin zurückgelenkt. Wenn eine Mutter ein Kind verliert, dann kann sich dieser Archetyp der Großen Mutter manifestieren, unabhängig davon, wie alt das Kind zur Zeit seines Todes war. Joann muß lernen, diese natürliche Neigung zu verstehen und mit ihrem instinktiven, beschützenden Muttertrieb Mitgefühl zu haben. Dann kann sie sich mit der Person in ihrem Inneren auseinandersetzen, die überfürsorglich sein will, dabei aber ihre Beziehung zu den übrigen Kindern in Gefahr bringt. Sie kann außerdem die Tatsache akzeptieren, daß sie trotz allem, was sie für ihren Sohn zu tun vermochte, nichts tun konnte, was seine Ermordung hätte verhindern können. Als ich mit Joann sprach, erkannte ich, daß sie eine sehr tapfere Frau war und sich mit diesen Fragen auseinandersetzen wollte, um mit ihrem Leben voranzukommen, ihre Beziehung zu ihrer Familie zu verbessern und an ihrer Ehe zu arbeiten.

Wir unterhielten uns kurz über viele Einzelheiten ihres Lebens und erwogen zusammen, was sie tat oder tun konnte, um diese erwünschte Änderung herbeizuführen. Zwei Tage später endete unser Gruppenworkshop, und als ich im Begriff war, unseren Tagungsort zu verlassen, begegnete ich Joann zufällig in der Halle. Ich konnte eine Weile mit ihr reden, und bei dieser Gelegenheit erbat ich die Zeichnung von ihr als ein Beispiel dafür, wie nützlich es ist, eine Zeichnung zu studieren, um ein unverarbeitetes Problem zu Bewußtsein zu bringen. Sie erwiderte, was ganz natürlich war, daß sie sich von der Zeichnung nicht trennen könne. Dann bat ich sie, ein Duplikat für mich anzufertigen, und erklärte ihr, daß eine rasche, einfache Skizze mir als Gedächtnisstütze dienen würde und daß ich mit einer solchen Kopie anderen Menschen helfen könnte, den Inhalt zu begreifen. Abbildung 13 zeigt die Kopie, die Joann für mich herstellte.

Wir hatten keine Buntstifte zur Hand, lediglich einen Kugelschreiber. Joann hatte die Originalzeichnung neben sich liegen, als sie die Skizze für mich machte. Wenn wir Bild 11 und 13 miteinander vergleichen, können wir wichtige Unterschiede feststellen. In der zweiten Zeichnung sind die Kinder größer, das Haus hat eine Tür mit einem Torbogen und wirkt dadurch zugänglicher als in der Originalzeichnung. Diese Veränderungen sind vielversprechende Zeichen für Wachstum und Wandel. Die zweite Zeichnung enthält weniger Kreuzschraffierung als die erste, aber der Weg ist immer noch dürftig. Am wichtigsten ist, daß Joann ihren toten Sohn aus dem Familienporträt herausließ, und dies ist ein Zeichen dafür, daß sie jetzt die Wirklichkeit akzeptieren und ihre Schuldgefühle und ihr Leid verarbeiten kann. Joanns Ehemann hat jetzt eine phallische Projektion zwischen den Beinen. Ich erkenne, daß Joann noch viele persönliche Probleme zu lösen hat zusätzlich zu denjenigen innerhalb der Familie, aber dies ist im großen und ganzen ein sehr ermutigendes Bild vom inneren Wachstum dieser Frau.

Als wir hinausgingen, erwähnte Joann, daß sie den Plan hatte, ihren Sohn, ihre Tochter und ihren Schwiegersohn am Wochenende zum Essen einzuladen. Sie wollte ihnen gerne sagen, daß sie ihr Verhalten erkannt hatte und daß sie jetzt versuchen wollte, sie als Erwachsene zu akzeptieren. Sie wollte ihrem Mann sagen, daß sie ihn liebte und daß sie wußte, daß sie den Tod ihres Sohnes bewältigen mußte. Ich sah darin ein sehr positives Resultat.

Einige Jahre später erfuhr ich, daß Joann eine Arbeit auf Bundesebene angenommen hatte, um Eltern zu helfen, die durch ein traumatisches Ereignis ein Kind verloren hatten. Wie Joann und Freunde mir berichteten, hat Joann ihren Verlust nun überwunden und die Kraft wiedergewonnen, einen Sinn in dem zu erkennen, was ihr im Leben widerfuhr. Ich glaube, daß ihr die Zeichnung ihre Probleme zu Bewußtsein gebracht hat, die verarbeitet werden mußten, so daß ihre psychischen Wunden heilen konnten. Diese Heilung war nötig, damit ihre psychische Energie frei wurde, um sich kreativ zu betätigen.

Empirische Studien über die Verwendung von Zeichnungen als eine Hilfe für Diagnose und Behandlung weisen darauf hin, daß Spontanzeichnungen sowohl psychische als auch somatische Vorgänge widerspiegeln, wie wir anhand der obigen Beispiele hinlänglich gesehen haben. Ein Patient ist vielleicht nicht in der Lage, seine dringenden Wünsche und Bedürfnisse oder seine Vergangenheit, Gegenwart oder seinen potentiellen Zustand verbal zum Ausdruck zu bringen, doch diese wichtigen Dinge können sich in der Symbolsprache der Zeichnung spiegeln. Diese Symbolsprache, die auf der Ebene des Unbewußten beginnt, funktioniert sowohl in Zeichnungen als auch in Träumen. Sie kann dem Individuum dabei helfen, Harmonie und Gleichgewicht in seinem Leben wiederzugewinnen. Wenn die Symbolsprache von Träumen oder Zeichnungen auf der unbewußten Ebene stehenbleibt, dann ist sie als Korrektur bestimmter Zustände nur beschränkt wirksam. Wenn man einem Menschen helfen kann, sich bewußt zu eigen zu machen, was seine Symbolsprache ihn lehren will, kann er sofort damit beginnen, auf die nötigen Veränderungen in seinem Leben hinzuarbeiten, die sich sonst nur nach Monaten des indirekten Dranges nach Verbesserung einstellen würden. Im Falle eines Kindes kann die Mitarbeit bestimmter Erwachsener erforderlich sein, um die nötige Veränderung herbeizuführen.

Dieses Kapitel wäre nicht vollständig, wenn die Gefahren bei der Analyse von Spontanzeichnungen unerwähnt blieben. Für den Laien mag diese Arbeit ziemlich einfach aussehen, und vielleicht versucht der eine oder andere sogar, die Zeichnungen seiner Kinder oder Freunde zu interpretieren. Die Analyse von Zeichnungen sollte jedoch nicht als Gesellschaftsspiel betrieben werden. Es ist ein sehr ernstes Unterfangen, einen Menschen psychologisch zu beraten, indem man die Spiegelungen aus dem Unbewußten der betreffenden Person als Werkzeug verwendet. Es ist eine heikle Aufgabe, einem Menschen beim Verständnis dessen, was an seiner Bewußtseinsschwelle liegt, Hilfe zu leisten, ob es sich nun darum handelt, dem Tod ins Auge zu blicken oder sich auf ein Leben der Erneuerung vorzubereiten.

Das Interpretieren von Bildern ist ziemlich schwierig, wenn man nicht in sie hineinlesen will, was man ohnehin schon weiß oder vermutet. Aus diesem Grunde ist es zu empfehlen, die vollständige Geschichte eines individuellen Falles erst *nach* der Auswertung der Zeichnung zu untersuchen. Eine andere Gefahr besteht darin, daß der Interpret Material aus seinem eigenen Unbewußten in die Zeichnung der betreffenden Person hineinprojiziert. Der einzige Weg, dies zu vermeiden, besteht darin, daß der Interpret sich zuerst einer eigenen Persönlichkeitsanalyse unterzieht. Wenn man daher Zeichnungen richtig interpretieren will, bedarf es nicht nur der nötigen Berufsausbildung, sondern auch einer persönlichen Vorbereitung.

In diesem Kapitel haben wir die Zeichnungen von zwei Erwachsenen und drei Kindern studiert und gesehen, wie nützlich solche Zeichnungen zum Verständnis von Lebenskrisen sind. Von Laura haben wir gelernt, wie sie in ihrer Zeichnung unbewußt ein Defizit ihrer psychischen Entwicklung reflektierte, das kompensiert werden mußte, um mehr personale Ganzheit zu erlangen. Lauras Bild machte uns außerdem ein innerliches Wissen um ein potentielles Schicksal bewußt, nämlich eine somatische Kondition, die das Bild früher zu erkennen gab als die klinische Diagnose. Bill lehrte uns, wie wichtig es ist, das Gemüt zu heilen, auch wenn wir den Körper nicht heilen können. Teresas Zeichnungen demonstrieren, wie die physische Prognose eines Kindes durch sein unbewußtes Wissen vorweggenommen werden kann, wie auch im Fall von Laura, und wie die Psyche auf somatische Entwicklungen reagiert. Jamies Bild zeigte uns, wie Eltern geholfen werden kann, sich mit dem Tod ihres Kindes abzufinden. Von Joann lernten wir schließlich, wie die Erfahrung einer Zeichenanalyse einem Menschen zu helfen vermag, alte Wunden zu heilen, sich selbst zu erneuern und auf eine Wiederherstellung der Harmonie im Leben und in der Familie hinzuarbeiten. Wir haben gelernt, daß ein Verständnis von Bildersprache eine Hilfe sein kann, das Tor zur personalen Ganzheit zu öffnen.

KAPITEL III:

Mutter-Kind-Station: Totaler Einsatz bei der Pflege eines todkranken Kindes

von Martha Pearse Elliott

Ich dachte, daß es noch schlimmer sein würde. Ich dachte, daß es keine größere Tragödie geben könnte, als ein Kind durch Leukämie zu verlieren.

Der Verlust und die Tragödie sind nicht wegzuleugnen, und die neunzehn Monate zwischen der Diagnose und dem Tod meines Kindes waren gewiß nicht leicht. Aber sie waren nicht so schwer, wie ich befürchtet hatte.

Meine Tochter Meredith war sechs Jahre alt, als sie im Januar 1973 in einem Krankenhaus in Houston starb, neunhundert Kilometer von unserem Heim in Kansas entfernt. Es war lange her, seit wir bei dunkler Nacht zum ersten Mal durch diese Türe gegangen waren, ängstlich und allein an einem fremden Ort.

Doch die Menschen, die Ärzte, die Institutionen, die unser Leben während dieser Zeit prägten, vermittelten uns eine Perspektive, die ihren Tod annehmbarer machte, als er in einem anderen Rahmen gewesen wäre.

Thanatologie, die Wissenschaft von Tod und Sterben, ist heute in Mode gekommen, und Forscher wie Elisabeth Kübler-Ross leisten unserer Gesellschaft Hilfe, einige Tabus hinsichtlich des Sterbens und sterbender Menschen zu überwinden.

Persönliche Erfahrung lehrte mich und meine Familie viele der gleichen Grundsätze, die durch die Forschung entdeckt worden waren. Einer davon lautet, daß der Tod nicht unbedingt etwas völlig Negatives ist und daß jeder von uns, ob wir nun selbst sterben oder einem Sterbenden Trost spenden, Kraftquellen besitzt, aus denen er schöpfen kann, um die noch verbleibende Zeit zu bereichern und das Ende mit gefaßter Trauer hinzunehmen.

Meine eigene Kraft kam aus einer anderen Quelle, als ich mir erwartet hatte. Glücklicherweise erhielt ich eine fundamentale und wesentliche Unterstützung durch Jerry, meinen Mann; Hunter, meinen zwölfjährigen Sohn; Meredith, das betroffene Kind; und durch meine eigene Fähigkeit, unter Streß verhältnismäßig gut durchzuhalten.

Doch es gab noch drei andere Faktoren, die für meine Erfahrung bestimmend wurden: eine Kinderstation, die für elterliche Pflege eingerichtet ist, eine »Kliniksubkultur« helfender Mütter und der Beistand einer einfühlsamen Freundin.

Am wichtigsten war die Mutter-Kind-Station. Sobald mir der Unterschied zwischen einem gewöhnlichen Krankenhaus und einer Spezialklinik, die sowohl den totalen Einsatz der Eltern als auch eine intensive medizinische Betreuung ermöglicht, klar wurde, war ich zu außergewöhnlichen therapeutischen Maßnahmen bereit.

Mutter-Kind-Stationen sind selten und liegen geographisch weit auseinander. Meistens gehören sie zu einer großen Klinik für schwere Kinderkrankheiten. Es sind natürlich nur wenige Krankenhäuser auf langfristige Pflege eingerichtet, und daher ist der Einsatz der Eltern nicht praktisch.

Es gibt jedoch viele Krankenhäuser, in denen ein größerer Einsatz der Eltern möglich wäre, als gewöhnlich angenommen wird. Die Argumente dafür, warum Eltern ausgeschaltet werden sollen, sind zahlreich. Die Ärzte meinen, daß es besser für die Eltern sei, wenn sie nichts erfahren. Das Pflegepersonal ist der Ansicht, daß Eltern nur im Weg sind und mehr Schaden anrichten, als sie Gutes tun. Die Verwaltung gibt zu bedenken, daß Extrakosten für Einrichtungen für den Aufenthalt von Eltern nicht nur ungerechtfertigt seien, sondern die Klinik zu einem Hotelbetrieb machten. Es gibt noch viele andere rationale Gründe für die Beibehaltung des traditionellen Pflegestils. Diese sind zwar rational, doch nicht unbedingt hilfreich.

Elternpflege ist nicht hundertprozentig effizient. Sie führt zu Risiken, persönlichen Konflikten und lästigen Routinearbeiten, auf die das medizinische Personal gerne verzichten würde. Doch in einer gut geführten Station nehmen die Mütter in Wirklichkeit dem Personal viele Pflichten ab, was wiederum Kosten für Extragehälter einspart.

Noch wichtiger ist, daß Elternpflege sowohl den Eltern als auch dem Kind eine tiefe Erfahrung vermittelt, die der Familie das Gefühl gibt, helfen zu können und alles zu tun, was in ihrer Macht steht. Diese Erfahrung lehrt die ganze Familie außerdem, die Krankheit des Kindes und die Behandlung zu verstehen, und hilft, mit der täglichen Belastung und der Möglichkeit des Todes fertig zu werden.

Es versteht sich von selbst, daß es in einer solchen Situation eines außergewöhnlichen Personals bedarf. Bei uns, wo sich oft bis zu dreißig Familien auf einer Etage befanden, die in beengten Wohnverhältnissen zusammen lebten und jeweils Kinder mit einer bösartigen Krankheit hatten, war die Menge an Arbeit und Aktivität in einer solchen Umgebung oft überwältigend. In unserer Etage war immer Hochbetrieb.

Dazu kommt, daß das Personal in einer Situation, in der Familien für längere Zeit, manchmal tage-, manchmal monatelang, auf der Station leben, die Familie gut kennt und manchmal eine enge Beziehung zu den Kindern und deren Eltern entwickelt. Daß alle diese Kinder sterben können und häufig wirklich sterben, ist eine Belastung, die das Personal in den meisten anderen Krankenhäusern nicht zu tragen hat.

Doch in dieser Klinik brauchen keine Vorhänge vorgezogen und keine Türen geschlossen zu werden, wenn der Tod sich einstellt. Die Fürsorge des Personals nimmt nur noch zu. Frühere Barrieren zwischen den professionellen Betreuern und den Patienten werden abgebaut, und an ihre Stelle tritt eine neue Wärme.

Aber das Personal kann nicht alle Bedürfnisse erfüllen. Obwohl die medizinischen Betreuer, die wir kennenlernten, informativ, offen, aufrichtig und in jeder Weise hilfreich waren, konnten sie nicht alle persönlichen Bedürfnisse jeder Familie erfüllen. So suchten die Familien beieinander Hilfe. Und die anderen Eltern wurden zur zweitwichtigsten Quelle der Kraft und des Beistands.

Diese Unterstützung entspricht nicht nur meiner eigenen Erfahrung, sondern wird auch in der psychologischen Literatur bestätigt. Eltern lehren einander, stützen einander in Zeiten der Not, teilen ihre Erfahrungen miteinander oder helfen einfach als Babysitter.

Dies ist eine große Familie, eine eigene »Subkultur« mit bestimmten Regeln und Grenzen. Regel Nummer 1 lautet, daß man einen Menschen in Not niemals abweisen darf.

Unsere eigene erste Nacht in der Klinik ist ein Beispiel dafür. Meredith war untersucht und unverzüglich nach Houston überwiesen worden. Wir nahmen das erste Flugzeug und versuchten dann ungeschickterweise, mit dem Auto vom Flughafen zu dem etwa fünfzig Kilometer entfernten Krankenhaus zu fahren. Es war finster, und innerhalb kürzester Zeit verirrte ich mich in dem Labyrinth der Autobahnen. Nach zwei Stunden frustrierenden Herumkreuzens hielten wir endlich auf dem Parkplatz der Klinik. Auf dem beleuchteten Schild des Gebäudes las ich die Worte, die mir einen solchen Schrecken einjagten: »Abteilung für Tumorerkrankungen«.

Dann kamen alle die Assoziationen, die ich vorher unterdrückt hatte: Tumor, Krebs, Leukämie, Tod. Dies war also eine Krebsklinik. Sie haben sie hierher geschickt, um zu sterben. Und sie haben uns nicht einmal etwas davon gesagt.

Ich war voll Angst, ich war frustriert und enttäuscht und wagte es nicht, Meredith zu erkennen zu geben, wie ernst die Situation wirklich war. Bewahre vor allem Ruhe, sagte ich mir, gleichgültig, wie dir zumute ist.

Auf der Kinderstation wartete schon ein Bett auf sie, und die Routine der Aufnahme wurde reibungslos abgewickelt. Als alles erledigt war und Meredith einschlief, bereitete ich mich darauf vor, den Rest der Nacht auf einem Sessel im Aufenthaltsraum zu verbringen und am nächsten Tag in ein Motel zu ziehen.

Zwei fröhliche Mütter erwarteten mich. Ich konnte kaum glauben, wie irgend jemand, der auch nur fünf Minuten auf dieser Station verbringen mußte, noch bei sich sein, geschweige denn so vergnügt sein konnte. Es war wie ein Wohnheim für ledige Mütter. Die Kinder schliefen, und die Mamis saßen in ihren Schlafröcken und Lockenwicklern herum und unterhielten sich glänzend.

Die beiden Mütter machten es mir bequem und erzählten mir dann von diesem seltsamen Ort.

Zunächst einmal würde ich nicht in ein Motel ziehen. Mütter übernachteten im Krankenhaus; manchmal auch die Väter, doch diese meistens nicht. Für jede Mutter wurde neben dem Bett ihres Kindes ein Notbett aufgestellt. Sie zeigten mir, wo Nahrungsmittel, Wäsche und Vorräte waren und wie ich sie benützen sollte. Eine Mutter machte sogar mein Bett.

Sie klärten mich über die Routine, die Ärzte und darüber auf, was das Krankenhaus im allgemeinen von mir erwartete und was ich von ihm erwarten konnte. Die Schwestern sagten mir am nächsten Tag ziemlich dasselbe, aber es bedeutete mir mehr, dies aus dem Munde dieser Frauen zu hören, die sich in derselben Situation befanden wie ich.

Später, während der oftmals langen Perioden des Krankenhausaufenthaltes, lehnten wir Mütter uns stark aneinander an. Unter Tags schleusten wir unsere Kinder durch die therapeutischen Prozeduren, die Routine und die Schulaufgaben. Am Abend setzten wir uns zusammen und erzählten von unseren Kindern, unseren Familien, unseren Ängsten und Frustrationen, unserem Zorn, unseren Freuden und unserer Verzweiflung. Wir brauchten einander.

Und wenn eine Mutter nach dem Tod ihres Kindes abreiste, empfanden viele von uns den Verlust in einer egoistischen Weise, und zwar gerade nicht so, wie ein Kind, das ich kannte, immer sagte, wenn einer seiner kleinen Freunde starb: »Über die brauchen wir uns jetzt keine Sorgen mehr zu machen.«

Der Ablauf unserer besonderen Art von Pflege war, in kurzer Übersicht, einfach. In erster Linie waren wir mit medizinischen Fragen befaßt. Während der ersten Tage wurden eingehende Untersuchungen durchgeführt und die Diagnose gestellt. Jede Prozedur und jedes Ergebnis wurden uns und unserem Kind erklärt.

Zur Diagnose fand eine Besprechung mit dem Chef der Pädiatrie statt, der uns über jeden Teilaspekt der Krankheit, der Medikamente, über die Möglichkeiten unserer Beteiligung an der Pflege, über den gegenwärtigen Stand der Forschung und die Heilerfolge in der Behandlung von Leukämie und anderen bösartigen Krankheiten aufklärte.

Kurz und gut, er legte alles offen dar, beantwortete jede sondierende Frage, die Jerry und ich ihm stellten, und gab uns sogar zusätzliches Lesematerial, damit wir unseren Wissensdurst stillen konnten.

Wir waren wie die meisten Eltern. Wir hatten ein unersättliches Bedürfnis nach Information, doch keiner von uns war anfangs in der Lage, alles zu verdauen. Wir vergaßen viel von dem, was man uns gesagt hatte, und man mußte es uns noch einmal, gelegentlich ein drittes Mal sagen. Das Bedürfnis nach einer Erklärung, dazu die schiere Fülle an Information und die Leugnung der Bedrohung, die wir alle verspürten, machten, daß wir in diesem frühen Zustand noch kein volles Verständnis hatten und von realistischen Erwartungen weit entfernt waren.

Unsere zweite Hilfestellung war mehr praktischer Art. Das Leben auf der Pädiatrischen Station dehnte sich oft wochen- und monatelang aus, während die Ärzte versuchten, eine Besserung herbeizuführen. Wir verbrachten den ganzen Sommer 1971 in Houston, davon die meiste Zeit im Krankenhaus.

Die tägliche Routine war genau das, was das Wort besagt. Die Kinder wurden mit der Behandlung, mit Schularbeiten, Beschäftigungstherapie oder Spielen mit ihren Eltern oder anderen Kindern beschäftigt.

Die Mütter verrichteten niedrige Arbeiten, die sie sonst langweilig gefunden hätten. Wir waren nicht dazu verpflichtet, aber wir durften es tun, und die meisten von uns taten es aus freien Stücken.

Eine ständige Aufgabe bestand natürlich darin, unsere Zimmerecke von zwei mal drei Metern irgendwie in Ordnung zu halten. Das war gar nicht so einfach, wenn man das Verhältnis der angesammelten Dinge zu dem uns zugeteilten Raum bedenkt. Für jede Aufgabe – Essen, Schlafen, Spielen, Behandlung – mußte die Einrichtung vollkommen umgestellt werden.

Wir wechselten Leintücher, trugen die Tabletts mit dem Essen, maßen Fieber, halfen in vielen Fällen bei der Verabreichung von Medikamenten und »assistierten« in allen routinemäßigen medizinischen Verfahren, einschließlich der häufigen Knochenmark- und Lumbalpunktionen. Wir spendeten Blut und Thrombozyten.

Wir lernten, wie man eine intravenöse Spritze handhabt. Wir machten uns mit den Medikamenten und ihren Dosierungen vertraut und achteten argwöhnisch darauf, daß jedes Kind die richtige Behandlung bekam.

Der Medikamentenschrank stand offen, und wir nahmen uns selbst, was wir brauchten. Wenn ein Kind ambulant behandelt wurde, so enthielt die Tasche einer typischen Mutter etwa folgendes: Heftpflaster, Klebeband, Mullbinden, Alkoholtupfer, eine Spuckschüssel, eventuell einige Injektionsspritzen, Kochsalz- und Heparinlösungen, ein Stück antibakterieller Seife oder wenigstens einige Päckchen antiseptischer Erfrischungstücher und diverses anderes medizinisches Zubehör. Wir waren alle ausgerüstet wie Drogensüchtige – wie »Junkies«.

Wir lernten, wie man Blutbilder liest und was sie bedeuten. Das war besonders wichtig für ambulante Patienten, die genau wissen müssen, wie anfällig sie für Infektionen sind. Hatten sie genug weiße Blutkörperchen, um in die Schule oder ins Kino gehen zu dürfen? Da zu Hause in Kansas dreimal in der Woche ein Blutbild gemacht werden mußte, warteten wir nicht darauf, daß die Ärzte nach einem langen Arbeitstag im Labor anriefen, uns zurückriefen, das Ergebnis erläuterten usw. Die Ärzte erteilten den Labors bald die Erlaubnis, uns die Information zu geben, und wir konnten sie selbst auswerten.

Wir lernten auch, manche der Medikamente in der ambulanten Pflege selbst zu spritzen. So wurden zum Beispiel manche Medikamente dreimal am Tag in regelmäßigen Abständen intravenös gespritzt. Es war unpraktisch, wegen dieser Injektionen zwei Wochen oder länger jeden Tag um sieben, drei und elf Uhr durch die ganze Stadt zu fahren, ohne die Garantie, daß in der Notbehandlung das Medikament auch rechtzeitig gespritzt werden konnte.

So lernten wir, die Injektionen selbst zu geben. Die Ärzte legten eine Dauerkanüle und sicherten diese mit einem verstärkten Verband und einem Heparinverschluß. Dreimal am Tag machten wir zu Hause frische Medikamente zurecht, probierten die Nadeln aus, um zu sehen, ob sie funktionierten (wenn das nicht der Fall war, mußten wir dann doch in die Klinik fahren), und spritzten die Medikamente selbst oder überließen dies sogar dem Kind. Dann ging es fort zum Spielen oder in die Schule oder zurück ins Bett, mit einem Minimum an Störung und Streß.

Eltern lernten auch, wann sie Ursache zur Panik hatten und wann nicht. Allmählich lernten sie, daß in manchen Fällen Erbrechen, erhöhte Temperatur oder Schmerzen an seltsamen Stellen zu erwarten waren. Sie lernten außerdem, daß Kopfschmerzen, ein blauer Fleck oder eine Gewichtszunahme eine ernste Angelegenheit sein konnte.

Wir waren in vieler Hinsicht die Assistenten des Arztes. Wir besaßen nur ein Minimum an Kenntnissen und Geschick, doch es reichte aus, um dem Arzt viele Dinge berichten zu können, auf die das Personal nicht auch noch achten konnte. Und obwohl auch informierte Eltern zahlreiche Fehler machen, so begehen uninformierte noch viel mehr. Außerdem sind die Nichtinformierten von Unsicherheit, Ungewißheit und ständiger Furcht geplagt. Unwissenheit ist nicht unbedingt ein Segen.

Wichtig daran ist – obwohl die elterliche Pflege keine perfekte Lösung ist –, daß fast alle Mütter, die ich in dieser Situation getroffen habe, froh waren über die Gelegenheit, irgendwie zu helfen, und wenn die Aufgabe noch so lästig, langweilig oder sogar erschreckend war. Sie ist nicht immer angenehm, aber sie lohnt sich.

Ich kenne keine Mutter, die wirklich gerne Erbrochenes aufwischte oder einen stinkenden Verband wechselte. Aber ich kenne auch nur wenige, denen es lieber gewesen wäre, daß jemand anders diese Arbeiten verrichtet hätte.

Jede Art von Hilfe, die Eltern leisten können, gibt ihnen das Gefühl, von Nutzen zu sein und helfen zu können in einer sonst ausweglosen Situation. Ich kannte eine Akademikerin, die sich an den Tod ihrer Mutter durch eine bösartige Krankheit vor einigen Jahren zurückerinnerte. Sie berichtete, wie sie den Schwestern gesagt hatte, daß sie gerne die Böden schrubben würde, wenn dadurch jemand frei würde, um ihrer Mutter in ihren letzten Augenblicken Hilfe und Trost zu spenden – die Art von Hilfe, die ihr die Medizin nicht geben konnte.

Die Eltern halfen sich auch gegenseitig. Der beste Rat, den ich je erhielt, kam von zwei Müttern. Eine von ihnen, deren Bekanntschaft ich zu Anfang im Krankenhaus machte, hatte ein Kind, das mir, offen gestanden, angst machte. Es war das Bild des Todes, ein regelrechtes Skelett. Alles Schreckliche, was einem Krebspatienten zustoßen kann, war diesem Kind geschehen. Ich mochte es nicht.

Natürlich kannte ich das Kind eigentlich nicht, obwohl wir eine Zeitlang ein Zimmer miteinander teilten. Es erinnerte mich jedoch qualvoll daran, was mit meinem eigenen, süßen kleinen Mädchen passieren konnte, und mir war in ihrer Nähe sehr unbehaglich. Später verfolgte sie und all das, was sie symbolisierte, mich bis in meine Träume.

Ihre Mutter und ich waren uns nie nahe gestanden. Dazu fehlte uns eigentlich immer die Zeit, denn M. starb, kurz nachdem wir im Krankenhaus eintrafen. Aber ich lernte viel vom Zuhören, wenn wir in der nur für Mütter bestimmten Schlange vor der Dusche standen, wo die Unterhaltung manchmal intim wurde und ernste Dinge betraf.

Als M. eines Morgens starb, hatten wir irgendwie die Nachricht verpaßt. Bevor ihre Mutter endgültig das Krankenhaus verließ, kam sie in unser Zimmer, faßte mich an den Händen und sagte: »Ich wünsche Ihnen alles Gute.«

Ich wußte sofort, was sie meinte, und hatte Angst. M. war die erste. Es kam also wirklich vor, daß Kinder hier starben.

Wir gingen in den Flur hinaus, und sie sagte: »Haben

Sie keine Angst davor, sie gehen zu lassen.« Wir umarmten uns, sie ging fort und ließ mich mit diesem einfachen, aber inhaltsschweren Satz zurück. Er war ein unschätzbares Vermächtnis.

Eine andere Mutter, die mir half, war eine Zimmergenossin aus der ersten Zeit, die mich mit den meisten Regeln für den Krankenhausalltag vertraut machte und die heute noch eng mit mir befreundet ist.

Der Tod ihres Sohnes vor mehr als einem Jahr, bevor Meredith starb, zwang uns zum ersten Mal, unsere Tochter mit dem Tod eines Freundes zu konfrontieren, der dieselbe Krankheit hatte wie sie.

Wir besuchten die Familie oft in ihrem Heim, wo Meredith sah, wie die Eltern offen, aber nicht melodramatisch mit ihrem Verlust umgingen und wie sie mit ihren verbleibenden Kindern wieder zu einem glücklichen Leben fanden, anscheinend ohne irgendein Ressentiment gegen das kranke Kind oder den Klinikaufenthalt, der sie so lange getrennt hatte.

Diese Frau deutete behutsam an, daß es gut wäre, schon im vorhinein Anordnungen zu treffen für das Begräbnis, die Autopsie und alles, was im Falle des Todes erledigt werden muß.

Sie sagte mir auch, nachdem sie selbst einen ungewöhnlich langen und schweren Kampf durchgemacht hatte, daß »es nicht so schlimm ist, wie Sie meinen«. Und das stimmte auch.

Diese beiden Faktoren, das geplante Programm elterlicher Pflege und die »Subkultur der Mütter« mit ihrer spontanen Hilfsbereitschaft, waren für mich am nützlichsten in dem Prozeß, mit dem Tod unseres Kindes fertig zu werden.

Aber es gab noch andere wichtige Personen, von denen eine einige der folgenden Interviews beisteuerte. Im Rückblick sehe ich auch darin etwas Typisches. Die meisten Eltern suchen sich zusätzlich zur unmittelbaren Familie oder den anderen Müttern noch eine weitere »Stütze«. Das kann ein Freund oder ein Verwandter sein, aber ich habe mit erstaunlicher Häufigkeit beobachtet, daß diese enge Beziehung zu anderen Angehörigen des Klinikpersonals geknüpft wird.

Für gewöhnlich ist es nicht der behandelnde Arzt, sondern öfters ein Mitglied des Personals aus einer anderen Abteilung, das häufigen Kontakt mit der Familie hat. Sekretärinnen, Physio- oder Beschäftigungstherapeutinnen, Laborantinnen, Schwestern oder Ärzte aus anderen Stationen und viele andere. Jedes Kind scheint unter dem Personal einen »speziellen Freund« oder eine Freundin zu haben.

Die spezielle Freundin von Meredith war eine junge, noch in der Ausbildung stehende Psychologin, die im Sommer 1971 ein Forschungsprojekt am Krankenhaus durchführte. N.s Patienten waren meistens Kinder, die eine Rehabilitationstherapie bekamen. Daher waren wir nicht auf ihrer »Liste«. Aber unsere Zimmergenossen hatten mit ihr zu tun, und im Rahmen dieser Gruppe entstand zwischen ihr und Meredith bald eine faszinierende Beziehung.

Am Ende des Sommers kehrte N. an die Universität von Texas zurück, und Meredith durfte nach Hause, nachdem die lange erwartete Besserung eingetreten war. Bevor wir uns trennten, vertraute die junge Frau mir an, daß sie selbst Krebspatientin war und einen neuen (zweiten) und inoperablen Tumor hatte. Ich sollte Meredith nur ja nichts davon sagen – niemals.

Es war kaum ein Monat vergangen, als N. ein Ferngespräch mit uns führte und fragte, ob sie uns für ein Wochenende besuchen könnte. Zögernd willigte ich ein. Mir widerstrebte ihre Bitte aus vielen Gründen, aber Meredith hatte eine solche Zuneigung zu ihr gefaßt, daß ich einfach nicht ablehnen konnte.

Der Besuch wurde beinahe zu einer Katastrophe.

Manche der Ereignisse werden in dem folgenden Interview mit dem »Team« ausführlich dargestellt. Aber trotz aller Schmerzen war dies der Anfang einer intensiven Beziehung zwischen uns dreien. Später konnten wir zu dritt dem Tod ins Auge sehen.

Merediths Besserung hielt für ein Jahr nach ihrer ursprünglichen Einweisung in die Klinik an. Während dieser Zeit fuhren wir zur ambulanten Behandlung häufig nach Houston, wo wir N. oft ohne ihre weiße Uniform in ihrer neuen Rolle als Patientin erlebten. Ihre Familie bot an, uns zu beherbergen. Wir nahmen ihre Gastfreundschaft an und sahen sie oft.

Während dieses Jahres ging es Meredith gut, und sie führte ein relativ normales Leben. N. dagegen wurde immer kränker. Dreimal nahm ich Abschied von ihr, weil ich überzeugt war, daß sie die nächste Behandlung oder Operation nicht überstehen würde. Sie überlebte jedoch nicht nur, sondern scheint heute vom Krebs geheilt zu sein. Dies ist eine der seltenen Erfolgsstories, wenn man die außergewöhnlichen Widerstände bedenkt, die sie überwinden mußte.

Auch ich überlebte. Ich hatte viele Monate lang die Symptome einer multiplen Sklerose verborgen, die fast zur selben Zeit auftraten, als Meredith erkrankte. Schließlich konnte ich sie nicht mehr verbergen.

Heute kann man sich schwer vorstellen, daß ich an irgendeiner Krankheit sterben könnte. Ich habe keine merkliche Schwäche und fühle mich zu gesund, um überhaupt ans Sterben zu denken. Doch im Frühjahr 1972, als ich es aufgab, mir selbst und meiner Umwelt weiszumachen, daß ich eine Superfrau sei, wurde der Tod zu einer echten Bedrohung, wenn auch noch in unwirklicher Ferne. Mein einziges Ziel war, stark genug zu sein, daß ich Meredith durch ihre schwere Prüfung begleiten konnte. Mir wurde nicht nur dies zuteil, sondern noch viel mehr.

Trotz aller meiner Ängste hinderte meine Krankheit mich nicht einmal in meiner Fähigkeit, normal zu funktionieren oder mein Kind zu pflegen. Und in mancherlei Hinsicht wurde sie sogar zu einer Quelle der Kraft und einer besonders innigen Beziehung.

Ende August 1972 hatte Meredith einen Rückfall, der zeitlich mit einem eindrucksvollen Besuch in einer neuen Kinderklinik in einem anderen Staat zusammenfiel, wohin mehrere unserer Ärzte und Betreuer aus Texas übersiedelt waren. Die Frage: »Welche Klinik?« wurde zu einem echten Dilemma. Wir wählten Texas.

Fünf Monate folgten ihrem ersten Rückfall bis zu ihrem Tod im Januar. Sie verbrachte nur zwei Monate im Krankenhaus, drei Wochen zu Hause und den Rest als ambulante Patientin. Jeden vollen Tag verbrachten wir in der Klinik. »Zu Hause« waren wir bei N.s Familie oder in der Wohnung, die wir mit anderen Familien aus Wichita (Kansas) teilten, die ebenfalls Kinder in Houston in Behandlung hatten.

Der Personalwechsel in der Pädiatrie hatte eine Veränderung der Atmosphäre auf der Station zur Folge. Oder vielleicht hatten wir »Alten« auf die Veränderungen übertrieben stark reagiert, weil unsere Rückkehr aufgrund eines Rückfalls an sich schon ein böses Omen war. Als wir das erste Mal kamen, konnte es (fast) nur bergauf gehen. Dieses Mal wußten wir, daß es nur noch bergab ging.

Der Herbst war eine Berg- und Talbahn von Rückfall, Besserung und einem nochmaligen Rückfall. Eine Lungenentzündung nach dem Erntedankfest Ende November und eine Therapie mit einem neuen Medikament hatten Meredith anfälliger denn je für Infektionen gemacht. Weihnachten rückte heran, und die Aussichten waren düster.

Zwei Wochen vor Weihnachten kauften wir einen winzigen Baum und verbrachten die nächsten Tage damit, ihn zu schmücken. Ich fädelte Popcorn und Preiselbeeren auf, und Meredith schnitt kleine Nikolause, Sterne und Engel aus. Dieser struppige kleine Baum wurde ein Symbol unserer letzten Hoffnung, unserer letzten Anstrengung. Er war wirklich der niedlichste Weihnachtsbaum, den wir je gehabt hatten. Die kleine Lichterkette strahlte wie ein Leuchtturm im Fenster unserer Wohnung.

Vier Tage vor Weihnachten war das Ergebnis der Knochenmarkpunktion wieder einmal schlecht. Das überraschte mich nicht, aber Meredith war niedergeschlagen. Für sie war eine Besserung »fällig«. Den ganzen Herbst hindurch hatte sie die schlechten Ergebnisse hingenommen, weil sie wußte, daß das nächste in Ordnung sein würde, wenn auch nur für eine kurze Zeit. Sie weinte bitterlich. Es war der Anfang vom Ende.

Die Ärzte schickten uns nach Hause. Aber wir konnten nicht nach Hause – Hunter war schwer krank, und wir wollten nicht riskieren, Meredith einer Infektion auszusetzen. Was sollten wir tun? Die Entscheidung fiel uns schwer. Wir alle wußten, daß es das letzte Weihnachten sein würde, und es sollte ein schönes Fest werden, was immer geschehen mochte.

Fast wären wir in Houston geblieben. Unsere »Familie« auf der Pädiatrischen Station war immer noch da, und wir hatten uns so miteinander befreundet, daß es uns angenehm gewesen wäre, bei ihnen zu bleiben. Sogar diejenigen, die über Weihnachten entlassen waren, brachten einen Truthahn mit Zutaten und Sekt in die Klinik, um samt ihren übrigen Familienmitgliedern ein fröhliches Weihnachtsfest mit uns zu feiern.

Aber wir beschlossen, uns trotzdem auf den Weg zu machen, und kamen auf einem langen Umweg nach Hause, weil wir bei meinen Eltern in Missouri noch einem Familientreffen beiwohnen wollten. Unseren kleinen Baum nahmen wir mit. Es war eine glückliche Zeit trotz unserer Enttäuschungen, und Hunter wurde sogar am selben Tag gesund. Dann fuhren wir nach Hause. Als wir die Richtung nach Westen einschlugen, kam ich mir vor wie von Furien gehetzt. Wir wollten nur nach Kansas in unser eigenes Heim.

Wir erreichten die Zufahrt zu unserem Haus am Heiligen Abend um einundzwanzig Uhr dreißig, dem Weihnachtsmann nur einen Schritt voraus. Freunde hatten das Haus mit duftenden grünen Zweigen geschmückt und Kerzen und Schalen mit Früchten und Nüssen aufgestellt. Ein helles Feuer brannte im Kamin. Der Baum war geschmückt, und um ihn herum waren die Geschenke aufgebaut. Die Familie war wieder vereint, und trotz der schweren Belastung von Krankheit, Streß und Trennung war es das schönste Weihnachten, das wir je erlebt haben.

Die darauffolgende Woche war jedoch weniger erfreulich. Meredith brauchte mehrere Transfusionen. Ihr Blutbild war schlecht. Ihre Angst vor dem Tod trat jetzt offen hervor. »Kann man sterben, wenn man keine Polys* hat?« fragte sie dann. »Nein«, antwortete ich ihr und erklärte ihr warum. »Aber ich fürchte mich so«, sagte sie.

Ich versuchte, ihr zu versichern, daß diese Dinge zwar erschreckend aussahen, daß sie dies alles aber schon einmal durchgemacht und daß das Blutbild sich immer wieder gebessert hatte. Aber sie durchschaute mich, und in dieser Woche trafen wir die Vorbereitungen für ihr Begräbnis.

Innerhalb von wenigen Tagen bekam sie eine Infektion, und wir traten den Rückweg nach Texas an. Die Infektion war bald überstanden, aber mit uns beiden war eine emotionale Veränderung vorgegangen. Das sehe

---

* »Polys« = polymorphkernige Granulozyten, das heißt Zellen, die dem Körper zur Infektabwehr dienen (*Anm. d. Übers.*).

ich jetzt sehr deutlich, aber damals wußte ich nur, daß etwas anders geworden war, etwas Undefinierbares.

Wir begannen uns beide zurückzuziehen. Wir schmiegten uns in meinem Bett aneinander und waren vollkommen zufrieden, niemanden zu sehen und mit niemandem zu sprechen, nicht einmal mit unseren Zimmergenossen, die wir so gerne hatten. Meredith sagte mir wieder, daß sie Angst hatte. »Angst wovor?« fragte ich sie. »Einfach so«, antwortete sie dann.

Die Therapie machte mir Sorge, und ich drängte auf eine Konferenz mit den Ärzten. Mir wurde mitgeteilt, was ich bereits wußte. Die Dinge standen schlecht, aber es gab noch Medikamente, die man ausprobieren konnte. Da noch Behandlungsmöglichkeiten bestanden, sah alles wieder besser aus.

Eine Woche danach ging es Meredith besser, und sie bekam Ausgang für das Wochenende. Jerry und Hunter kamen mit dem Flugzeug, und wir fuhren zu unserer Wohnung, wo wir ein stilles Wochenende zusammen verbringen wollten. Bei unserer Ankunft entdeckten wir, daß fremde Leute eingebrochen waren, unsere Sachen in den Vorraum geworfen hatten und daß die Wohnung mit Zigarettenstummeln und verfaulenden Nahrungsmitteln übersät war. Der Gestank war unerträglich. Wir konnten die Schuldigen nicht ausfindig machen, und es blieb uns nichts anderes übrig, als in ein Motel zu ziehen.

Wir konnten das Rätsel nicht aufklären, obwohl wir es während des ganzen Wochenendes versuchten. Unser Zorn und unsere Telefonrechnung stiegen in gleichem Maße. Doch am Sonntag machte es nichts mehr, weil ein anderes Unglück über uns hereingebrochen war. Meredith klagte über Symptome, die wir beide als Lungenentzündung erkannten. Sie hatte starke Schmerzen. Wir packten in Ruhe unsere Sachen und fuhren in die Klinik zurück.

Jerry und Hunter flogen an dem Abend nach Hause. Im Verlauf dieser Woche wurde das Blutbild Merediths immer schlechter, während die Lungenentzündung sich verschlimmerte. Am Freitag wußten wir, daß sie dringend weiße Blutkörperchen brauchte, um ihre Abwehrkräfte zu stärken. Glücklicherweise befanden wir uns in einer der wenigen Kliniken im ganzen Land, die einen Blutzellseparator besitzt. Jerry flog nach Houston, um als bevorzugter Spender die kostbaren weißen Blutkörperchen zur Verfügung zu stellen. Das ist eine scheußliche Form der Hilfeleistung. Die Spender werden künstlich krank gemacht, damit der Körper gezwungen wird, eine große Menge weißer Blutkörperchen zu erzeugen. Ohne sie würden viele Patienten sterben, aber die Spender sind wahre Helden.

Mehrere Tage lang konnte Jerry keinen Flug bekommen. Inzwischen wurde Meredith auf die Liste der kritischen Fälle gesetzt, und wir begannen, uns auf das Unvermeidliche vorzubereiten. Mein Vater, der Arzt in Missouri ist, kam her, um uns beizustehen. Und nachdem wir eine der schwierigsten Entscheidungen im gesamten Verlauf von Merediths Krankheit getroffen hatten, veranlaßten wir, daß auch Hunter eingeflogen wurde.

Wir hatten versucht, Hunter so gut es ging auf Merediths Tod vorzubereiten, aber er hatte immer Schwierigkeiten damit. Zu Weihnachten hatte er uns gesagt, als wir ihn mit der Möglichkeit konfrontierten, daß Meredith früher sterben könnte, als wir erwartet hatten, daß er nicht nach Houston kommen wollte, wenn es mit ihr »schlecht stehe«.

Wir ließen ihn trotzdem kommen. Es war für uns alle schmerzlich. Als er sie aber wirklich sah, obwohl sie im Koma lag, reagierte er sehr echt auf sie. Er streichelte ihren Kopf, sagte ihr, wer er war und daß er sie lieb hatte. Ja er verabschiedete sich von ihr.

Er war nicht im Krankenhaus, als sie dann wirklich starb, und auf dem Weg nach Hause fragte er, ob es nicht vielleicht ein Irrtum sei und ob sie vielleicht gar nicht wirklich tot wäre. Zuerst dachte ich, daß dies für einen Zwölfjährigen eine sehr unreife Frage war. Immerhin war er alt genug, zu wissen, daß am Tod nichts zu ändern war. Dann erinnerte ich mich, daß ich dieselbe Frage gestellt hatte, als ich mit dem Tod einer jungen Freundin konfrontiert wurde. Ich war damals vierzehn.

Es war schwer, dieser endgültigen Realität ins Auge zu sehen. Sogar für mich. Ich hatte mehr als die anderen in der Familie gewußt, daß der Tod sie Tag für Tag um ein Stück weiter einholte. Ich trauerte während der ganzen Zeit, insbesondere zur Zeit der Diagnose und ihres ersten Rückfalls. (Ein Arzt sagte uns einmal, daß der erste Rückfall der grausamste Schlag von allen ist.)

Als das Ende kam, waren wir bereit. Keiner von uns wollte, daß es so weitergehe. Wir wünschten uns nur, daß es vorbei wäre. Ich sah, wie sie ihren letzten Atemzug tat, und obwohl ich wieder weinte, war ich erleichtert, daß ihr nun nichts mehr weh tat. Sie sah rosig, gesund und friedlich aus.

Irgendwie war es für uns alle ganz anders, als wir sie drei Tage später in ihrem Sarg wiedersahen. Es war eine andere Art des Totseins. Sie war jetzt wirklich und endgültig tot. Ich hatte den Leichenbestatter vorher gefragt, warum wir diese ganze Prozedur mitmachen mußten, daß sie angezogen wurde und daß wir sie sehen sollten, bevor wir, wie wir geplant hatten, den Sarg während des Gottesdienstes schließen lassen wollten. Wir hatten sie ja bereits tot gesehen. Er sagte nur, daß wir es tun müßten. Und jetzt weiß ich, warum. Es war eine Endgültigkeit, die niemand von uns vorausgesehen hatte.

Seit dieser Zeit habe ich Schwierigkeiten, mich mit meinem Verlust abzufinden. Es fiel mir schwer, mich wieder an die Familie zu gewöhnen, nachdem wir gelernt hatten, so lange ohne einander auszukommen, und ich hatte Mühe, Ziel und Richtung in meinem Leben zu finden, weil meine Werte sich geändert hatten und die alten nicht mehr gültig waren. Ich hatte jedoch keine Schwierigkeit, die Realität von Merediths Tod anzunehmen. Er war das »Realste«, was je geschehen ist.

Meine Gefühle für meine Tochter und ihr Ringen mit dem Tod sind nichts Einmaliges, aber sie gelten auch nicht für jeden Menschen. Es ist meine Hoffnung, daß wir noch viele nützliche Informationen aus der Forschung über Tod und Sterben bekommen und daß wir alle von unserer Todesangst und den diesbezüglichen Tabus erlöst werden, damit wir die Freiheit erlangen, ein volleres und befriedigenderes Leben zu führen, sogar die Schwerkranken und Sterbenden, oder besonders diese. Bis vor kurzem war dies noch ein unerforschtes Gebiet.

KAPITEL IV

Der plötzliche Todesfall

Wir haben bisher über todkranke Erwachsene und Kinder und über die Reaktionsphasen gesprochen, die diese Patienten und ihre Familien durchmachen, damit sie die Ereignisse begreifen und vielleicht einen Sinn oder doch ein inneres Gleichgewicht in dieser bestürzenden Veränderung ihres täglichen Lebens finden. Dies ist natürlich nur möglich, wenn zwischen dem Ausbruch der Krankheit und dem daraus resultierenden Tod noch eine gewisse Zeit verbleibt.

Es geschieht aber auch, daß Tausende von Erwachsenen und Kindern plötzlich und unerwartet sterben. Dies bedeutet, daß die Hinterbliebenen nicht vorbereitet sind und oft mit einem erheblichen Schock und einer Lähmung auf die tragische Nachricht reagieren, wenn klares Denken und schnelles Handeln am meisten geboten wären. Die Probleme sind vielfältig, und das folgende Gespräch zwischen einer hervorragenden, teilnahmsvollen Krankenschwester einer Unfallstation und der Autorin wird einige der Probleme berühren und manche Fragen klären, die am häufigsten gestellt werden.

Wenn ein Patient nach einem Verkehrsunfall mit einer schweren Verletzung auf die Unfallstation gebracht wird, tut Eile not, und jeder ist sich vor allem dessen bewußt, daß Minuten zählen. Das Krankenhauspersonal ist unglücklicherweise meistens der Ansicht, daß keine Zeit und keine Muße zur Verfügung stehen, um auf emotionale Bedürfnisse einzugehen. Die Opfer müssen schnellstens untersucht werden, um entscheiden zu können, welcher Patient am dringendsten versorgt werden muß, welchem noch zu helfen ist und ob ein Patient überhaupt noch am Leben ist oder nicht. Diese Entscheidungen zu treffen ist an sich schon eine enorme Aufgabe. Der Unfallarzt muß alles Nötige veranlassen. Die Atemwege müssen frei gemacht, die Herzfunktion muß in Gang gehalten werden, der Patient muß Sauerstoff bekommen oder an den Tropf gehängt werden –

und zwar sofort. Niemand hat die Zeit, die verzweifelten Fragen der Verwandten zu beantworten, die sich nach einem Ehemann oder einem kleinen Kind erkundigen. Unfallärzte und -schwestern nehmen sich mit großem Einsatz der physischen Bedürfnisse des sterbenden Patienten an, aber seine psychologischen und spirituellen Bedürfnisse kümmern sie zunächst am wenigsten. Sie kämpfen verzweifelt darum, sein Leben zu retten. Der schwerkranke oder verletzte Patient befindet sich oft in einem Zustand des Schocks, sowohl physisch als auch psychisch, und gewöhnlich ist er sich gar nicht bewußt, was mit ihm geschieht.

ML*: Frau Dr. Ross, wie können wir einem Patienten helfen, der bei Bewußtsein ist, aber seine Orientierung verloren hat?

EKR: Ja, das passiert oft nach einer Kopfverletzung. Ich glaube, daß eine Krankenschwester diesem Patienten einfach dadurch helfen kann, daß sie ganz knapp und konkret mit ihm spricht und ihm eine Orientierungshilfe gibt. Sie kann zum Beispiel sagen: »Mr. Jones, Sie haben einen Unfall gehabt und sind jetzt im Bellemont Hospital. Ich bin Mrs. Smith und bin zu Ihrer Betreuung hier. Dr. Miller wird gleich zu Ihnen kommen.« Das ist für ihn nicht nur eine geographische Orientierungshilfe, sondern der Patient erfährt auch, was ihm zugestoßen ist und wer Sie sind.

ML: Wenn Patienten in kritischem Zustand auf die Unfallstation kommen, dann machen wir uns große Sorgen um das Befinden der Angehörigen, aber die Schwestern sind zu beschäftigt. Die Angehörigen würden sie brauchen, aber wir können ihnen nicht helfen.

---

* ML ist eine Krankenschwester der Unfallstation mit jahrelanger Erfahrung und großem Einfühlungsvermögen.

EKR: In diesem Fall sollte ein speziell geschulter freiwilliger Mitarbeiter oder ein Sozialarbeiter oder der Krankenhausseelsorger als Beistand der Familienangehörigen sofort zur Verfügung stehen. Diese Mitarbeiter sollten rund um die Uhr abrufbar sein; insbesondere in der Nacht, wenn die Not vielleicht am größten ist.

ML: Es ist schwierig, den Angehörigen einen privaten Raum zur Verfügung zu stellen. Wir haben zwar Sprechzimmer, aber die sind nicht nah genug an den Behandlungsräumen.

EKR: In der Planung neuer Unfallstationen sind hoffentlich auch besondere Zimmer für die Angehörigen vorgesehen, zum Beispiel ein Raum mit genügend Platz, wo die Familien ihren Gefühlen freien Lauf lassen können, wo sie in einem bequemen Sessel sitzen können, ein Raum, in dem sie so ungestört sind, daß er als sogenanntes »Schreizimmer« verwendet werden kann.

ML: Manchmal läßt sich eine Verzögerung nicht vermeiden, wenn wir versuchen, den diensthabenden Arzt zu erreichen, der den Totenschein ausstellen muß, oder wenn wir ein hinterbliebenes Kind erreichen wollen, das wir nach gesetzlicher Vorschrift benachrichtigen müssen.

EKR: Verzögerungen können wir nicht immer vermeiden, aber es ist unnötig und sehr rücksichtslos, wenn man die Familie stundenlang warten läßt, ohne den Leuten zu erklären, warum wir sie so lange warten lassen. Ich meine, hier hat der freiwillige Mitarbeiter eine Aufgabe. Er kann sich zu ihnen setzen, er kann zuhören und alkoholfreie Getränke oder Kaffee anbieten. Er könnte Telefonanrufe für sie erledigen und den Angehörigen helfen, sich auszusprechen. Die Angehörigen sollten nicht allein gelassen werden, außer wenn sie es selbst wünschen, und auch dann nur, wenn sie emotional nicht zu sehr mitgenommen wirken.

ML: Sollten wir auf irgendeine bestimmte Reaktion bei Angehörigen achten, die auf Schwierigkeiten schließen läßt?

EKR: Ich glaube, daß ein Mensch, der gerade seinen einzigen Angehörigen verloren hat oder der sich für den Unfall verantwortlich fühlt, der den Tod verursacht hat, selbst außerordentlich suizidgefährdet ist. Er wird sich oft in einem Zustand des Schocks befinden und das Ganze nicht wahrhaben wollen, und man sollte ihm nicht erlauben, das Krankenhaus allein zu verlassen.

ML: Wenn aber keine engen Freunde da sind, die diesen Menschen nach Hause begleiten können, was raten Sie dann?

EKR: Wenn er selbst der Fahrer des Autos ist, mit dem sein einziger Angehöriger ums Leben gekommen ist, und er sich in einem Schock befindet, würde ich ihn in das Krankenhaus einweisen, natürlich nicht in die Psychiatrie, sondern in ein angenehmes Zimmer, wo er eine warmherzige und liebevolle Betreuung bekommen und in dieser emotionalen Krise angemessen versorgt werden kann. Es wird sich höchstwahrscheinlich sowieso nur um eine Übernachtung handeln.

ML: Sind Sie dafür, daß man solchen Menschen ein Beruhigungsmittel zur Bewältigung der Krise gibt?

EKR: Nein, ich meine, daß unsere häufige Neigung, die weinenden, schreienden oder hysterischen Angehörigen sofort zu sedieren ... ich frage mich manchmal, ob wir das nur tun, weil wir es selbst brauchen. Wissen Sie, wir möchten, daß sie still sind, wir wollen sie daran hindern zu schreien, wir möchten, daß sie schnell die Papiere unterschreiben und das Krankenhaus verlassen. Aber ich glaube, wir können diesen Menschen viel besser helfen, wenn wir ihnen keine Beruhigungsmittel geben. Natürlich, wenn wir sie sedieren, kriegen wir sie schnell aus der Unfallstation hinaus. Das löst das Problem aber für die Angehörigen nicht, es verzögert nur ihre Reaktion.

Und ich meine, es wäre besser, wenn sie schreien und Fragen stellen dürften und sich an Ort und Stelle an der Schulter von irgend jemandem ausweinen könnten. Ich glaube, Sie würden ihnen auf längere Sicht einen größeren Dienst erweisen, wenn Sie ihnen kein Beruhigungsmittel geben.

ML: Die Angehörigen, die sehr still sind und wenig oder gar nicht reagieren, sind diejenigen, die mir Sorge machen.

EKR: Ja, die machen mir auch Sorgen. Um die sollten Sie sehr besorgt sein. Die Leute, die weinen und schreien oder sich sozusagen hysterisch aufführen und ihren Schmerz ausdrücken können, sind ein viel weniger großes Risiko als diejenigen, die alles bei sich behalten. Wir sprechen jetzt natürlich von einem plötzlichen Todesfall, nicht von einem Tod, den man erwartet hat, der eine willkommene Erlösung von einer langen, auszehrenden Krankheit sein kann.

ML: Wenn ein Unfall eine ganze Familie betrifft, verschiedene Leute dabei schwer verletzt wurden und einer vielleicht gestorben ist, was würden Sie dem Mann sagen, der nach seiner Frau fragt?

EKR: Wenn er sich selbst in einem kritischen Zustand befindet, der eventuell einen chirurgischen Eingriff erfordert, dann können wir ihm nicht gleich sagen, daß seine Frau tot ist. Der Patient hat schon wegen seiner eigenen Verletzungen ein emotionales Trauma erlitten. Er könnte einen Schock bekommen oder seinen Lebenswillen verlieren, wenn wir ihm die schlechte Nachricht gleich vermitteln. Es gibt natürlich auch Ausnahmen. Wir hatten einmal einen sehr schwer verletzten Mann, dessen Frau ums Leben kam, aber seinem Sohn ging es gut. Als der Mann sich nach seiner Familie erkundigte, sagte ich: »Ich bin nicht sicher, was Ihre Frau betrifft, aber ich habe Ihren Sohn gesehen, es geht ihm gut, und er hat nach Ihnen gefragt.« Der Mann sah mich plötzlich an und fragte: »Sie ist schon tot, ja?« Ich nickte.

ML: Man hätte ihn in dieser Situation nur schwer anlügen können, nicht wahr?

EKR: Ja, ich meine, wenn einer geradeheraus fragt, dann muß man ihm die Wahrheit sagen. Ich fragte ihn dann, ob er um seines Sohnes willen durchhalten könnte, und er sagte: »Ja, das will ich.«

ML: Glauben Sie, daß Patienten, die nach einem Unfall bei Bewußtsein sind, wirklich begreifen, was ihnen und anderen zugestoßen ist?

EKR: Sie sind oft in einem Schock. Ich glaube, wir müssen auf jeden einzelnen Menschen sehr sensibel reagieren und müssen entscheiden, wieviel ein Patient verkraften kann. Wenn wir ehrlich mit ihm sein können, ohne ihn zu schockieren und ihm unnötige Informationen zu geben, die er nicht verlangt, dann erweisen wir dem Patienten einen großen Dienst, meine ich.

ML: Manchmal fragt ein Patient, ob er stirbt, und das stimmt vielleicht . . . Was würden Sie ihm am besten antworten?

EKR: Ich glaube, ich habe nie einem Patienten gesagt, daß er im Sterben liegt. Die Menschen, denen es am schlechtesten ging, waren immer die, denen man knallhart gesagt hat, daß keine Hoffnung besteht. Es ist sehr wichtig, daß man Raum für Hoffnung läßt. In einer solchen Situation könnte man einfach sagen: »Mann, ob wir das zusammen wohl schaffen?« Der Patient wird dann das Vertrauen haben, daß Sie alles tun werden, um ihm Hoffnung zu machen, wenn Sie ihm auf diese Weise antworten. Wenn er Ihnen sagt: »Ich weiß doch, daß ich sterbe«, dann würde ich darauf vielleicht sagen: »Das ist möglich, aber wir können trotzdem alles versuchen, oder nicht?« Dann weiß der Patient, daß Sie ihn nicht anlügen werden, sondern daß Sie alles tun werden, um sein Leben zu retten.

ML: Neulich, als wir einen Wiederbelebungsversuch

machten und schließlich aufgeben mußten, hat eine Krankenschwester im Team das sehr schwer verkraftet. Ihr Vater war ungefähr vor einem Monat gestorben, und sie war erst kürzlich wieder zur Arbeit gekommen.

EKR: Die Mitarbeiter einer Klinik und ihre spezifischen, individuellen Bedürfnisse sind ungeheuer wichtig. Schwestern und Ärzte sind häufig mit erfolglosen Wiederbelebungsversuchen konfrontiert. Sie bringen ihre eigenen, speziellen Gefühle, ihre religiösen Überzeugungen, vielleicht ihren eigenen ungelösten Kummer oder einen Verlust mit, der sich vor so kurzer Zeit ereignete, daß die Aufgabe viel zu schmerzhaft ist. Sobald wie nur möglich sollten wir uns die Zeit nehmen und über die eben erlebte Situation sprechen, damit sie ihre Gefühle mitteilen und sich Luft machen können, und in dieser Weise können wir auch ihnen helfen, nicht nur dem Patienten und seiner Familie. Sie brauchen ein Schreizimmer genauso dringend wie die Familienangehörigen des Opfers eines Verkehrsunfalls!

ML: Wir haben auch gewöhnlich eine Besprechung, wenn ein Patient mit Herzstillstand oder sonst ein kritischer Fall in das Krankenhaus eingeliefert wird. Aber wenn wir einen Patienten verlieren, sind wir so frustriert und haben oft eine große Wut. Es ist sehr wichtig, daß auch das Personal seine Gefühle abreagieren kann. Ich sage immer, das Personal brauche ein Schreizimmer genau wie jeder andere. Ich kann Ihnen ein Beispiel geben, wie eine solche Wut manchmal aussieht und wie schwer das Personal so etwas verkraftet. Vor nicht allzu langer Zeit wurden drei junge Männer nach einem Motorradunfall in die Unfallstation eingeliefert. Zwei von ihnen waren bei der Ankunft schon tot, und einer kam mit einem abgerissenen Bein an. Er murmelte: »Es kann nicht sein, es kann nicht sein«, und plötzlich begann er zu schreien, und dann war er tot. Die Familie hörte ihn schreien und wollte in den Raum eindringen. Es war ein schrecklicher Anblick, und alle versuchten, die Familie daran zu hindern, hereinzukommen. Als sie zur Tür kamen, wurden sie fast gewalttätig und fingen an zu schreien: »Was habt ihr mit ihm gemacht? Ihr habt ihn umgebracht, ihr habt ihn umgebracht!« Diese Ausbrüche der Wut und des Schmerzes sind für das Personal, das selbst Gefühle der Wut, des Schmerzes und der Frustration hat, sehr schwer zu verkraften, und sehr, sehr oft denken sich die Mitarbeiter: Warum bist du mir weggestorben – Sie wissen ja, wie sehr sie sich bemühen, und dann stirbt ihnen ein Patient. Sie müssen ihre Gefühle zum Ausdruck bringen dürfen, das hilft ihnen ungemein.

An einem Abend, nach einem langen, erfolglosen Ringen um das Leben eines Patienten, hörte eine Schwester, wie der Priester zu den Angehörigen sagte: »Es war eben Gottes Wille.« Die Schwester bekam einen Wutanfall und lief aus der Station.

EKR: Ach, wissen Sie, wenn man müde ist, läßt man seinen Zorn oft an den falschen Leuten aus, und die Schwestern müssen sich Mühe geben, kein Urteil über andere zu fällen. Ich wäre wohl auch in Zorn geraten, wenn ich das von dem Priester gehört hätte. Aber so merkwürdig es klingt, auch Geistliche sind angesichts eines plötzlichen und gewaltsamen Todes sehr verunsichert und voller Angst. Sie haben selbst keine Zeit gehabt, sich auf eine plötzliche Tragödie vorzubereiten, und in ihrem Versuch, Trost zu spenden, tasten sie vielleicht nach Worten und finden nicht die richtigen. Manche Pfarrer haben in dieser Richtung wenig oder gar kein Training. Die Schwestern sollen daran denken, daß es die Aufgabe des Arztes ist, der Familie Bescheid zu sagen, und Geistliche, die sich um tröstliche Worte bemühen, sind Menschen mit ihrer eigenen Angst vor dem Tod ... vor dem Unbekannten, und sie sind weniger souverän, als wir es manchmal von ihnen erwarten. Der Arzt oder

Seelsorger ist ein Mensch, der mit diesen Dingen selbst nicht fertig wird, genau wie wir, und es fällt uns manchmal schwer, das zu bedenken.

ML: Frau Dr. Ross, welches Verhalten des Priesters wäre besser gewesen?

EKR: Wenn der Priester einfach gesagt hätte: »Wenn das mir zugestoßen wäre, dann wäre es für mich vielleicht tröstlich gewesen, zu wissen, daß es Gottes Wille war.« Dann hätte die Familie sagen können: »Es war kein Angehöriger von ihm, der hat gut reden!« Wenn es aber für sie ein Trost gewesen wäre, hätten sie diesen Gedanken übernehmen können. »Es ist Gottes Wille«, kann bedeuten: »Es ist Gottes Wille, also trauert nicht und seid nicht zornig.« Die meisten Menschen würden daraufhin eine ungeheure Wut auf Gott kriegen, und mit Recht! Nach solchen Äußerungen müssen die Priester lernen, den Zorn der Familie zu akzeptieren, und das ist für manche Geistliche sehr schwer. Ich will Ihnen dafür ein Beispiel geben:

Ich betreue jetzt eine Frau, die eine wunderbare, glückliche Ehe führte und fünf kleine Kinder hat. Ihr Mann liebte das Leben auf dem Land, und sie beschlossen, nicht mehr in der Stadt zu leben, sondern aufs Land zu ziehen, sich mehr der Familie zu widmen und das saubere, gute, gesunde Landleben zu führen. Ihr Mann fuhr nach Colorado und rief sie eines Tages an und sagte, daß er ein schönes Haus gefunden und eine Stellung bekommen habe und daß sie die Kinder ins Auto packen und zu ihm in den Westen kommen sollte. Seine letzten Worte zu ihr waren: »Wir werden jeden Tag Ski fahren, und dann beginnt unser Leben erst richtig.« Sie packte ihre Sachen, ihre Eltern fuhren mit den älteren Kindern im Auto voraus, und sie blieb noch ein, zwei Tage zurück, weil eines der Kinder Grippe hatte. Am nächsten Tag wurde ihr telefonisch mitgeteilt, daß ihr Mann einen Unfall hatte und auf der Stelle tot war. Als diese Frau zu mir kam, sagte sie in einem fort: »Es gibt keinen Gott, es gibt keinen Gott, das ist unmöglich!« Ich hörte ihr zu und half ihr dabei, ihrem Schmerz Luft zu machen, und sagte zu ihr: »Wenn Sie das nächste Mal kommen, werden Sie auf Gott wahrscheinlich eine Stinkwut haben.« Sie wurde zornig und sagte: »Haben Sie nicht gehört, daß ich sagte, es gibt keinen Gott? Sonst könnte er doch so etwas nie zulassen!« Als sie das nächste Mal kam, ließ sie ihren Zorn an Gott aus: »Warum hat er mir das angetan? Warum hat er meinen Kindern den Vater weggenommen?« Sie war sehr, sehr wütend, und ich gieße dann immer Öl ins Feuer und helfe ihnen, diese Sachen auszusprechen. Am Ende unserer Sitzung sagte ich ihr, daß sie schließlich vielleicht sogar einen Sinn in dieser Tragödie finden würde. Sie wurde immer zorniger auf mich, und ich ersuchte sie, noch einmal zu wiederholen, was für ein Mensch ihr Ehemann gewesen war, und ihr Gesicht leuchtete auf, und sie schilderte ihn als einen aktiven Sportler, einen extravertierten Menschen, der immer draußen in der Natur war, und da fragte ich sie kurz: »Können Sie sich vorstellen, wie es gewesen wäre, wenn er nicht sofort tot gewesen wäre? Vielleicht wäre er gelähmt oder bewegungsunfähig gewesen oder hätte im Rollstuhl leben müssen.« Sie ging weg, ohne noch ein Wort zu sagen, und kam in die nächste Sitzung, als hätte sie mir eine große Offenbarung zu machen. Sie sagte: »Wissen Sie, Frau Dr. Ross, Gott muß doch gut sein. Können Sie sich vorstellen, was meinem Mann passiert wäre, wenn er nicht sofort tot gewesen, sondern in einen Rollstuhl gekommen wäre, wenn er sich nicht mehr hätte bewegen und nicht mehr mit den Kindern hätte sprechen können?« Verstehen Sie, was ich damit sagen will? Die Familien müssen durch diesen Schmerz und diese Wut hindurch, in der sie Gott erst verleugnen, dann wütend auf Gott sind und sich schließlich abfinden und Frieden mit

Gott machen. Wenn also ein Geistlicher kein Urteil fällt, sondern sogar die Wut des Patienten auf Gott oder seinen Zweifel an Gott akzeptieren kann, dann übt er wirklich ein geistliches Amt des Annehmens und der bedingungslosen Liebe aus.

ML: Ich erinnere mich, daß Sie einmal sagten, es mache nichts, wenn man auf Gott wütend ist, weil Gott groß ist. Er kann das aushalten.

EKR: Ich sage immer zu meinen Theologiestudenten, wenn sie damit Schwierigkeiten haben: »Was ist los mit Ihnen? Das kann Gott schon verkraften.«

ML: Ja, das gefällt mir!

Wenn wir vergeblich versucht haben, ein Kind oder einen anderen Menschen wiederzubeleben, Frau Dr. Ross, dann sind auch wir manchmal in einem Zustand des Schocks und Nichtwahrhabenwollens. Wir sind nicht in der Lage, mit den trauernden Eltern richtig umzugehen, und wir wissen, daß sie uns brauchen, aber wir sind völlig fertig.

EKR: Sehen Sie, ich denke manchmal, daß es besser wäre, wenn jemand, der nicht unmittelbar an dem Rettungsversuch beteiligt ist, mit der Familie sprechen würde. So wie es für einen Arzt, der eine Herzoperation bei einem Kind vornehmen muß, sehr schwer wäre, vor dem Eingriff die emotionalen Bedürfnisse des Kindes zu erfüllen und sich um es zu kümmern und seine Fragen zu beantworten und dann die Operation auszuführen. Darum brauchen wir Teams. Wenn ich mich um die emotionalen Bedürfnisse des Kindes kümmern kann und der Chirurg kümmert sich um die Operation, dann sind wir wirklich ein gutes Team. Dann können wir das geben, was ich optimale Krankenbetreuung nennen möchte. Die Schwestern und Ärzte, die ihr Bestes getan und erfahren haben, daß es nicht genug war, sind nicht bereit oder nicht in der Lage, in diesem Augenblick einem wartenden Angehörigen zu helfen. Ich meine, während die Mediziner und das Pflegepersonal sich um den Patienten kümmern, sollte ein anderes Mitglied des Teams für die nächsten Verwandten dasein – das kann ein Seelsorger, eine Krankenschwester, ein Sozialarbeiter oder ein großartiger freiwilliger Helfer sein. So einer sollte bei den Angehörigen sein, solange diese im Krankenhaus bleiben müssen oder gerne bleiben möchten. Es sollte aber der Arzt sein und nicht die Krankenschwester oder der Seelsorger, der die Familie über die Ernsthaftigkeit der Lage oder den tödlichen Ausgang informiert. Der Grund dafür ist einfach: Wenn der Arzt die Familie benachrichtigt, dann nimmt die Familie an, daß er auch anwesend war, als der Patient eingeliefert wurde. Wenn sich kein Arzt blicken läßt, der den Angehörigen die schlechte Nachricht übermittelt, dann glauben sie oft, daß er nicht erreichbar war, als das Opfer des Unfalls in das Krankenhaus eingeliefert wurde. Sie werden sich dann immer wieder fragen, ob der Verstorbene vielleicht zu retten gewesen wäre, wenn er schnelle Hilfe bekommen hätte.

Wir haben gesehen, wie eine Frau mit einem sechsjährigen Kind im Zustand des Schocks im Flur eines unserer Krankenhäuser stand, als ihr Mann eingeliefert wurde, der bei seiner Ankunft offenbar schon tot war. Eine Schwester mit einer kalt und nüchtern klingenden Stimme sagte dieser Mutter gleich im Flur: »Ich nehme an, Sie wissen schon, daß Ihr Mann tot ist. Bitte, unterschreiben Sie diese Papiere, damit wir den Leichnam fortbringen können!« Es braucht nicht erst gesagt zu werden, daß der Schmerz infolge dieser brutalen Form der Mitteilung lange brauchen wird, um zu heilen. Es gibt keine Entschuldigung für eine solche Mitteilung in einem öffentlichen Flur oder vor kleinen Kindern, die noch gar nicht begriffen haben, warum sie so plötzlich und in solcher Eile ins Krankenhaus gebracht wurden. Das könnte zu einer traumatischen Neurose führen, die sich leicht hätte vermeiden lassen, wenn wir uns in einem so tragischen Augenblick mit mehr Menschlichkeit verhalten würden.

ML: Ein Arzt sagte mir neulich, daß es ihn seine ganze Energie kostet, zu einer Familie hinauszugehen, die völlig unvorbereitet ist für eine schlechte Nachricht. Könnte vielleicht jemand die Familie schon vorher darauf vorbereiten, daß die Situation ernst ist?

EKR: Das müßte mit sehr viel Einfühlungsvermögen geschehen, und es sollte immer der Arzt sein, der wirklich mit der Familie spricht, auch wenn es schwer ist. Aber sehen Sie, in vielen Fällen ist gar keine Zeit, um die Familie vorzubereiten. Deswegen sage ich, daß Familien, gesunde Familien, früh beginnen sollten, sich mit Tod und Sterben auseinanderzusetzen. Sie sollten miteinander reden, wie es sein würde, so daß sie sich selbst vorbereiten können, bevor solche Dinge passieren.

ML: Die Menschen reagieren ganz verschieden auf die Nachricht vom Tod eines Verwandten.

EKR: Ja, und es ist sehr schwer, vorauszusagen, wie einer reagieren wird. Manche Leute, die nicht im Stadium des Nichtwahrhabenwollens sind, machen den Ärzten und Schwestern vielleicht Vorwürfe und beschuldigen sie, nicht genug oder nicht das Richtige getan zu haben. Sie sind vielleicht wütend auf den Fahrer des Rettungswagens oder aufeinander. Manchmal sehen wir, wie Ehepaare aufeinander losgehen und darüber streiten, wann ihr Sohn tot eingeliefert wurde, und dann ist es natürlich sehr schwer, diesen Leuten zu helfen, die sich in einem fast irrationalen Zustand der Wut befinden. Auch hier meine ich wieder, daß wir kein Urteil über sie fällen, sondern versuchen sollten zu verstehen, daß dies alles der Ausdruck ihres übergroßen Schmerzes und Kummers ist.

ML: Der Unfallarzt hat eine große Verantwortung, wenn ein Anruf kommt, daß ein Mensch vom Rettungsteam gebracht wird und bei seiner Ankunft vermutlich schon tot ist.

EKR: Ja, wenn ein Patient auf die kardiologische Station kommt und einen Herzstillstand hat, dann müssen die Schwestern schnell lebensrettende Maßnahmen ergreifen, Elektroschock, Medikamente, was immer angezeigt ist. Aber der Patient, der zur Notbehandlung kommt, ist vielleicht nicht ausreichend beatmet worden oder er hat keine effektive Herzmassage bekommen, ja er war vielleicht schon tot, bevor er gefunden wurde. Der Klinikarzt muß dann schnell schalten. Wenn der Patient noch irgendein Lebenszeichen von sich gibt, wenn er eine gute Herzmassage bekommen hat, wenn seinen Lungen ausreichend Sauerstoff zugeführt wurde, dann wird man natürlich bei diesem Patienten intensive Wiederbelebungsversuche anstellen. Es gibt dabei schwierige Momente, wenn sofort eine Entscheidung getroffen werden muß, und oft versuchen wir zu lange, einen Patienten wiederzubeleben. Manchmal geschieht es, weil wir aus dieser Erfahrung etwas lernen wollen, aber ich meine, wir müssen den Leuten beibringen, daß sie so etwas mit Überlegung tun, und ich meine, Ärzte haben genug Erfahrungen und brauchen diese Methoden nicht in einem wirklich hoffnungslosen Fall anzuwenden.

Ich glaube, wenn wir den Menschen helfen könnten, die Medizin nicht nur als Wissenschaft, sondern als Kunst zu betrachten – wenn wir Mitgliedern des Personals helfen, sich mit ihren eigenen psychischen Schwierigkeiten und ihrer eigenen Angst vor dem Tod auseinanderzusetzen, dann könnten viele dieser verzweifelten Versuche verhindert werden. Schwestern und Ärzte sollten miteinander reden und nach so schwierigen Fällen sich ihre Gefühle gegenseitig mitteilen. Wenn Sie zornig sind, dann sagen Sie es; wenn Sie Schmerz und Verzweiflung empfinden, sprechen Sie es aus; wenn Sie gar nichts, nur eine Leere empfinden, dann wäre das vielleicht auch eine wichtige Mitteilung. Schwestern und Ärzte brauchen manchmal ein Schreizimmer so dringend wie die Familie. Wenn es nicht diese merkwürdige Hierarchie in der Medizin gäbe, wo ein Arzt meint, daß er seine Gefühle nicht zeigen darf, und Schwestern befürchten, daß sie nicht professionell sind, wenn sie eine Träne vergießen, wissen Sie, wenn wir manchmal einfach als Menschen zusammenkommen und unseren Kummer und unseren Schmerz miteinander teilen könnten, dann wäre die Zusammenarbeit viel weniger anstrengend.

ML: Meinen Sie, daß wir die Angehörigen auffordern sollten, den Leichnam anzusehen, bevor sie das Krankenhaus verlassen?

EKR: Ja, sehen Sie, es kommt vor, daß Familien zum Beispiel einen Ausflug gemacht und einen glücklichen Sonntag voll Freude und Sonnenschein genossen haben, und plötzlich, ganz unfaßbar, ertrinkt ihr kleines Kind. Oder ein Ehepaar von auswärts auf einer Einkaufstour . . . der Vater fällt um und ist sofort tot – vielleicht durch eine Gehirnblutung. Diese Familien werden einen großen Schock erleiden, das Geschehene nicht wahrhaben wollen und vor Schmerz und Kummer wie gelähmt sein. Diesen Familien sollte man vermutlich zureden, daß sie den Leichnam des Angehörigen sehen und berühren. Es ist wichtig für sie, daß sie zu dem Toten sprechen und ihn anfassen. Viele Leute, denen das nicht erlaubt wurde oder die den Leichnam nicht sehen wollten, haben später Schwierigkeiten, mit der Realität des Todes fertig zu werden.

ML: Manchmal sieht die Leiche ziemlich schlimm aus, vor allem nach einem langen Wiederbelebungsversuch.

EKR: Ich meine, die Krankenschwester sollte die Leiche herrichten, sie sollte Gesicht und Hände mit Wasser und Seife waschen, um Erbrochenes oder Blut oder einen ekligen Geruch zu beseitigen. Das Gesicht sollte unbedeckt bleiben, wenn es nicht zu sehr verstümmelt ist. Wenn nötig, muß man den Kopf einige Augenblicke hochhalten, damit Flüssigkeit aus den Nebenhöhlen ablaufen kann. Wenn die Gesichtszüge sehr entstellt sind, sollten sie mit frischen Leintüchern zugedeckt werden, selbstverständlich nicht mit Zeitungspapier. Der Familie sollte dann von den Entstellungen Mitteilung gemacht werden, und dann können die verstümmelten Körperteile wie bei einem operierten Patienten verbunden werden. Aber ich meine, Sie sollten es der Familie immer freistellen, ob sie die Leiche sehen will oder nicht.

ML: Nun ja, manchmal möchte man die Angehörigen schnell draußen haben, damit man den Raum saubermachen und den Leichnam in die Leichenhalle transportieren kann; wir wollen das wohl einfach möglichst schnell erledigen.

EKR: Ja, das ist traurig, und das ist unser Problem, und ich glaube, der erste Schritt zu einer Verbesserung wäre, wenn wir zugeben würden, daß wir vieles von dem, was wir tun, unserer eigenen Bedürfnisse wegen tun. Man sollte die Angehörigen nie drängen. Man sollte ihnen Zeit geben, daß sie diesen Augenblick des wirklich letzten Zusammenseins mit Würde und ohne Störung erleben können. Bevor Sie die Familie hereinführen, wird man den Leichnam vielleicht aus der kardiologischen Intensivstation oder dem Reanimationsraum in einen kleineren Raum betten, der nicht so dringend benötigt wird, damit Sie die Angehörigen nicht drängen müssen hinauszugehen, weil ein anderer Notfall eingeliefert werden könnte. Und dann brauchen Sie eigentlich nur einen oder zwei Stühle hinzustellen und den Leuten zu erlauben, daß sie hier zusammen sein können, ohne daß man sie hinausdrängt.

ML: Es fällt mir schwer, die Angehörigen zu bitten, daß sie bestimmte Entscheidungen treffen – ob der Verstor-

bene den Ehering behalten soll, ob sie die Kleider mit-
nehmen wollen, welches Bestattungsinstitut wir anrufen
sollen.

EKR: Ja, natürlich! Die meisten Leute haben sich noch
nie im Leben um ein Bestattungsinstitut kümmern müssen. Wenn es sich um eine ortsansässige Familie handelt, wäre es gut, wenn die Sekretärin der Abteilung
schon den Familienpfarrer oder den Priester oder Rab-
biner gerufen hätte. Wenn die Familie katholisch ist,
hätte der Priester ohnehin sofort gerufen werden müssen. Diese Mitglieder der helfenden Berufe sind darauf
eingestellt, Tag und Nacht abrufbar zu sein. Und sie
können sich als eine große Hilfe für die Krankenschwestern erweisen. Wenn der Verstorbene keiner Kirche an-
gehörte, ist es eventuell die Aufgabe der Freunde, auch
bei der Bestellung des Begräbnisses behilflich zu sein.
Was religiöse Abzeichen oder Ringe angeht, so würde
ich alles belassen und auf besondere Anweisungen der
Familie warten.

ML: Oft hat sich eine Familie nach einem Ausbruch des
Schmerzes und des Zorns gerade wieder gefangen, da
wird alles von neuem aufgewühlt, wenn zum Beispiel im
Fall eines ungeklärten Todes eine Autopsie vorgenommen werden muß.

EKR: Das ist schwierig, aber Sie müssen es den Angehörigen sagen. Sie müssen ihnen sagen, daß sie keine andere Wahl haben. Wenn man die Prozedur aber eine
postmortale Untersuchung nennt, erscheint sie ihnen
vielleicht weniger brutal, und man kann den Angehörigen erklären, daß der Arzt, der diese Operation durch-
führt, ein Fachmann und ein besonders geschickter
Diagnostiker ist. Sagen Sie ihnen, daß diese Untersuchungen vielleicht wichtige Informationen ergeben –
vielleicht für die hinterbliebenen Kinder – oder daß anderen Patienten in der Zukunft dadurch geholfen werden kann. Wiederum meine ich, daß viel davon abhängt,

ob Sie das alles in einer kalten, distanzierten Art vorbringen oder warmherzig und verständnisvoll, wenn Sie zum Beispiel sagen: »Ich weiß, daß es schwer ist, über solche Dinge zu reden, aber wir müssen es leider tun.«

ML: Wir fragen uns oft, wie die Familien nach dem Begräbnis und in der Zeit danach zurechtkommen. Manchen von ihnen steht es geradezu im Gesicht geschrieben, daß sie in Schwierigkeiten kommen werden, so niedergeschmettert sind sie.

EKR: Die Leute, die Schwierigkeiten haben oder denen es am schwersten fällt, mit den Problemen fertig zu werden, sind diejenigen, wie wir feststellen konnten, die plötzlich und unerwartet in diese Situation geraten sind – sei es durch einen Unfall, einen Mord oder Selbstmord –, und diejenigen, die den Leichnam nicht sehen können, weil es ihn nicht mehr gibt, zum Beispiel wenn ein Mensch ertrinkt oder in einer Explosion zerrissen wurde. Ich erinnere mich da an eine Familie, die ein Mitglied in einem Flugzeugabsturz verloren hat, und da gab es keine Leiche. Dies gilt auch für Familien, die einen Sohn oder Ehemann in Vietnam verloren haben, ohne daß die Leiche ihnen geschickt wurde. Diese Leute leugnen oft teilweise das Geschehene. Sie denken immer, daß ein Falscher identifiziert wurde, und vielleicht war es gar nicht ihr Sohn oder ihr Mann. Vielleicht ist er zu den Kommunisten übergelaufen... es ist eine verzweifelte Art von Hoffnung, daß er nicht tot ist. Menschen, die den Leichnam oder einen identifizierbaren Teil davon sehen können, kommen besser zurecht und können dann beginnen, den Tod zu verarbeiten.

ML: Wir neigen dazu, die Familien abzuschirmen und ihnen nahezulegen, den Leichnam nicht anzuschauen, wenn er verstümmelt ist.

EKR: Ja, das tun wir vor allem dann häufig, wenn es ein Selbstmord war oder wenn die Leute nach einem Unfall sehr entstellt aussehen. Aber Sie müssen verstehen, daß

Sie die Familie dadurch im Grunde gar nicht beschirmen; wir tun das unserer eigenen Bedürfnisse wegen. Der Familie tun Sie damit vielleicht ein großes Unrecht. Ich meine, Sie müssen die Leiche so sorgfältig wie möglich herrichten – und die am meisten entstellten Körperteile mit frischen Leintüchern bedecken –, aber verweigern Sie der Familie nicht den Wunsch, bei dem Leichnam zu sein oder ihn zu berühren oder ihn einfach nur anzusehen. Das wird ihnen später dabei helfen, sich mit der grausamen Wirklichkeit abzufinden.

ML: Machen die meisten Familien die Stadien des Sterbens durch, vom Nichtwahrhabenwollen zum Zorn bis zum schließlichen Annehmen?

EKR: Wir haben festgestellt, daß Leute, die einen plötzlichen Todesfall bewältigen müssen, nach der ersten Lähmung, dem Schock und dem Leugnen, das sehr oft über das Begräbnis dauert, wo wir mit vielen mechanischen Dingen beschäftigt sind und viele Verwandte und Besucher kommen – daß dann, wenn alle Verwandten gegangen sind, bei diesen Leuten eine große Lähmung einsetzt, und das Nichtwahrhabenwollen kann Wochen dauern. Wir haben gefunden, daß dies auch für Eltern gilt, die ein Kind verloren haben und die nach dem Tod des Kindes oft ein zweites Mal durch die Stadien des Sterbens hindurch müssen. Dann geschieht es sehr oft, daß die Mutter zu Hause bleibt, in dem Stadium des Schocks und des Leugnens, und der Vater, der zur Arbeit hinausgehen, abschalten, andere Leute sehen und auf andere Gedanken kommen kann, das Stadium des Zorns oft viel schneller erreicht. Dies ist der Grund, warum bis zu 75 Prozent der Eltern, die ein Kind verloren haben, innerhalb des ersten Jahres nach dem Tod des Kindes am Rande einer Trennung oder Scheidung stehen. Wir könnten für diese Familien insofern etwas tun, als wir denen helfen, die in diesem Prozeß nachhinken. Das heißt, wir würden in diesem Fall der Mutter helfen, ihren Zorn auszudrücken, so daß beide Eltern zusammen durch dieses Stadium durchgehen können, durch das Verhandeln, die Depression und das schließliche Annehmen. Sie werden nach dem Tod alle diese Stadien durchlaufen müssen.

Das Personal einer Unfallstation könnte viel zur Trauerarbeit beitragen, indem es diese Familien ungefähr einen Monat, nachdem der Unfall geschehen ist, anruft. So lange braucht es etwa, bis die Familie aus dem Schock und dem Zustand des Nichtwahrhabenwollens herausgefunden hat. Es ist sehr wichtig, daß die Person, die zum Zeitpunkt der Tragödie bei den Angehörigen war – der freiwillige Helfer, von dem ich vorhin gesprochen habe, oder der Pfarrer –, daß dieselbe Person die Familie ungefähr einen Monat später anruft und sie fragt, ob sie nicht noch einmal auf die Unfallstation kommen und darüber reden möchte. Viele Familien nehmen dieses Angebot gerne an und kommen noch einmal auf die Unfallstation, in das von mir so benannte Schreizimmer, und sie setzen sich mit dem freiwilligen Helfer oder der Krankenschwester oder dem Pfarrer zusammen und stellen die Fragen, die ihnen verständlicherweise am Herzen liegen, wie: Hat er noch etwas gesagt? Hat er noch einmal die Augen aufgeschlagen? Glauben Sie, daß er bei Bewußtsein war? Glauben Sie, daß er große Schmerzen litt? Hat er gewußt, daß er stirbt? Und Sie können mit ihnen über all diese Dinge reden, und oft sind sie erst dann in der Lage, durch die Stadien hindurchzugehen. Dann können sie die Wirklichkeit annehmen – ja, das alles ist geschehen – und sind in ihrem Schmerz nicht mehr allein.

ML: Wenn wir sie zu einer solchen Aussprache auffordern, sollten wir ihre Frage dann ehrlich beantworten?

EKR: Nun, ich bin immer für ehrliche Antworten, aber es ist nicht gut, wenn wir den Leuten noch mehr weh tun, und daher werden wir vielleicht manche Dinge nicht beantworten. Wenn die Mitglieder der helfenden Berufe einige dieser Fragen auf eine Weise beantworten können, daß der Familie Mut gemacht wird, dann hat sie es leichter, allein vom Nichtwahrhabenwollen zum Annehmen zu kommen. Wir sehen also, daß der Arzt und die Krankenschwester der Unfallstation ganz besondere Aufgaben zu erfüllen haben. Dies gilt auch für den geschulten freiwilligen Helfer oder den Geistlichen. Ärzte und Schwestern, die sich um die Patienten kümmern, müssen oft während der Krise äußerlich ruhig bleiben und ihre eigenen Ängste und Gefühle verbergen. Sie müssen schnell und mit großem Können mühevolle lebensrettende Maßnahmen ergreifen und ihren eigenen Kummer, sehr oft ihren eigenen Zorn unterdrücken, wenn diese Anstrengung, das Leben des Patienten zu retten, sich manchmal als vergeblich erweist. Ein plötzlicher Todesfall, vor allem wenn es sich um einen kräftigen jungen Mann oder eine junge Frau handelt, oder der einen schockiert, wenn es ein Selbstmord ist, oder überwältigt, wenn es sich um ein Kind handelt, oder empört, wenn er durch Unachtsamkeit oder gar mit Absicht verursacht wurde – alle diese Gefühle sollten die Mitarbeiter des Personals sich gegenseitig mitteilen und gemeinsam bewältigen, so daß jeder von ihnen auf die beste Art mit der Familie umgehen und den Prozeß der Trauer während der ersten Minuten und Stunden nach dem Tod erleichtern kann. Es ist meine Hoffnung, daß mehr Unfallstationen in Zukunft einen Schreiraum für die Familienangehörigen einrichten werden, den nachher auch das Personal benützen kann, und daß sie später gelegentlich die Familien anrufen, um sich zu erkundigen, ob es noch etwas Unerledigtes oder irgendwelche Fragen gibt, die sie beantworten können. Es ist zu hoffen, daß die einzelnen Mitglieder des Personals auf einer Unfallstation auch lernen werden, sich mit der Vorstellung ihres eigenen Todes – ohne Angst – auseinanderzusetzen, und dann viel besser in der Lage sein werden, diese innere Ruhe zu vermitteln.

Tausende von im medizinischen Bereich tätigen Menschen, aber auch Laien besuchen meine fünftägigen Workshops und kommen nach Shanti Nilaya, unser Zentrum für Wachstum und Heilen, weil sie Hilfe für ihre Ängste und angestauten Emotionen brauchen.

Hier haben sie Gelegenheit, die Maske professioneller Tüchtigkeit, der stoischen Fassade und des Verdrängens schmerzhafter Erinnerungen fallenzulassen. In einer Umgebung der Sicherheit, mit dem Beistand sorgfältig geschulter Mitarbeiter, können sie traumatische Erfahrungen noch einmal durchleben, alte Angst-, Schuld- und Schamgefühle aufarbeiten und mehr Einfühlungsvermögen und innere Freiheit daraus gewinnen.

Wenn nicht jedes Krankenhaus und jede Klinik, jeder Bürobetrieb und jeder Haushalt einen sicheren Raum hat, in dem negative und schmerzhafte Emotionen offen zum Ausdruck gebracht werden können, werden wir nie genug Einrichtungen haben (Beratungsstellen, Zentren für Wachstum und Heilen), um den Bedürfnissen unserer Bevölkerung gerecht zu werden.

Wenn wir uns den eigenen Ängsten stellen und uns über unsere eigenen unerledigten Dinge aussprechen könnten, brauchten wir keine Tranquilizer zu verschreiben, mit denen wir im Grunde nicht die Überlebenden, sondern leider vielmehr unser eigenes Gewissen beruhigen.